# Y CORFF

## Andrew Haslam

*ysgrifennwyd gan*
Liz Wyze

*addaswyd i'r Gymraeg gan*
Cymen Cyf.

*Ffotograffau*: Jon Barnes
*Ymgynghorydd gwyddoniaeth*: Sue Dale Tunnicliffe
Swyddog Gwyddoniaeth a Thechnoleg Gynradd
Cyngor Rhyngwladol y Cymdeithasau Hyrwyddo Addysg Wyddonol

**Cyhoeddwyd dan nawdd Cynllun Cyhoeddiadau CBAC**

# MAE'N GWEITHIO!
## Teitlau'r gyfres

Sain
Trydan
Y Corff

**Cyhoeddwyd dan nawdd Cynllun Cyhoeddiadau CBAC**
gan Wasg Gomer
Llandysul
Ceredigion SA44 4QL
mewn cydweithrediad â
chwmni cyhoeddi Two-Can

Mae'n Gweithio! Y Corff
Addasiad Cymraeg o *Make it Work! Body*

Addaswyd y llyfr hwn i'r Gymraeg gan gwmni Cymen Cyf.

Cyhoeddwyd gyntaf ym 1994 gan
Two-Can Publishing
Zenith Entertainment plc
43-45 Dorset Street
Llundain W1H 4AB

© Two-Can Publishing, 1994 ⓗ
© Dylunio modelau: Andrew Haslam, 1994 ⓗ
© Addasiad Cymraeg: Cyd-bwyllgor Addysg Cymru, 2000 ⓗ

Argraffiad Cymraeg cyntaf 2000

Golygydd: Lucy Duke
Cysyniad a dyluniad y gyfres: Andrew Haslam a Wendy Baker
Cynorthwy-ydd adeiladu modelau: Sarah Davies
Dylunio ychwanegol: Lisa Nutt

Diolch hefyd i: Colin a Jenny yn Plough Studios, Rachel, Katherine
a Jonathan Bee, Tony Ellis, Richard Scarlett, Alison ac Elizabeth Bricknell,
Wen-Hshin Chen ac Ajitha Ranasinghe

ISBN 1 85902 842 X

Argraffwyd a chyhoeddwyd yng Nghymru gan Wasg Gomer,
Llandysul, Ceredigion SA44 4QL

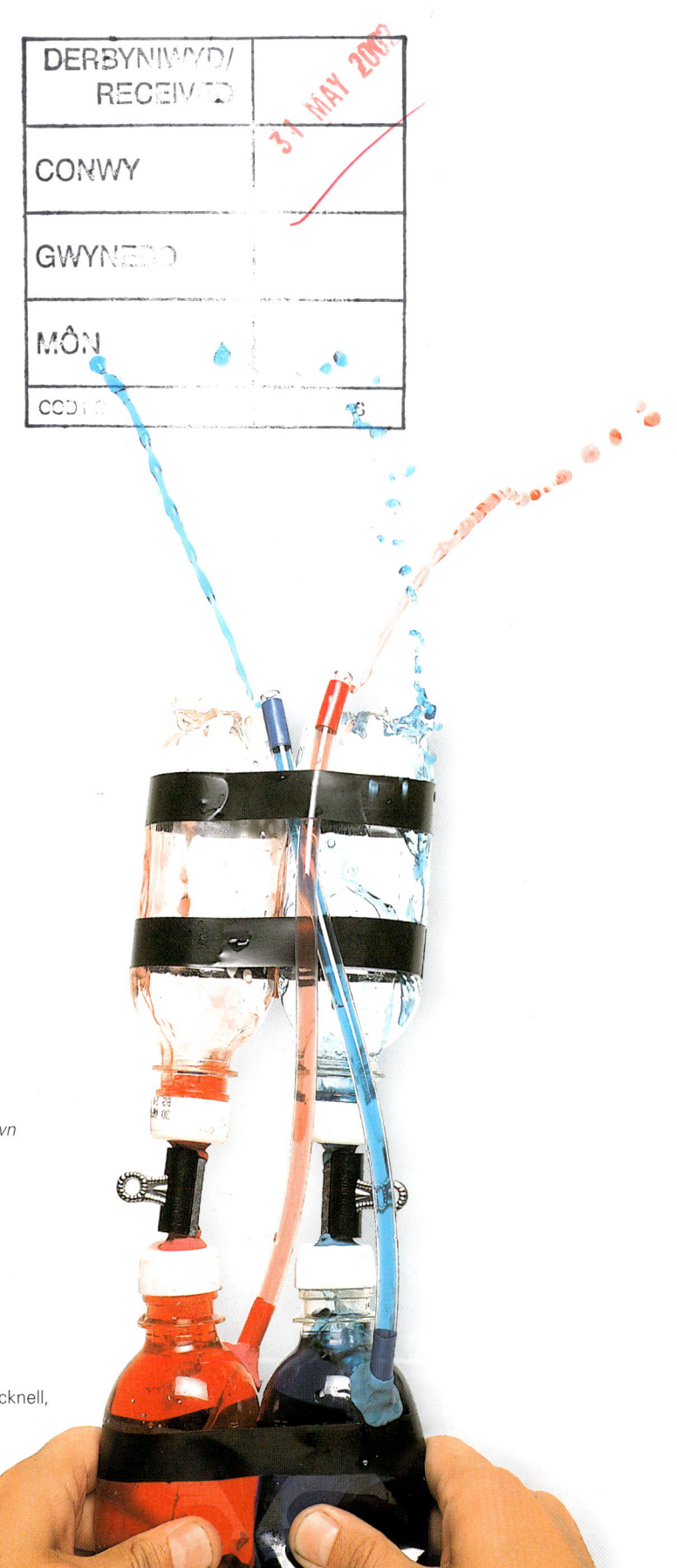

# Cynnwys

Mae'r geiriau mewn print **trwm** yn cael eu hegluro yn yr eirfa.

Wyddech chi fod eich corff yn cynnwys mwy na 200 o esgyrn, dros 600 o gyhyrau a bod eich calon yn curo 100,000 gwaith bob dydd a byth yn gorffwys? Ydych chi'n sylweddoli bod dros 70 y cant o'ch corff yn ddŵr? Ydy, mae'r corff dynol yn fyd rhyfeddol sy'n aros am gael ei archwilio.

## Beth yw bodau dynol?

Mae bodau dynol yn perthyn i grŵp mawr o anifeiliaid sy'n cael eu galw'n famolion. Mae gennym ni a phob mamolyn arall nodweddion pwysig sy'n debyg. Mae gennym sgerbwd esgyrnog, sydd y tu mewn i'n corff. Rydym yn gynnes ein gwaed, sy'n golygu bod y corff yn rheoli ei dymheredd ei hun. Rydym hefyd yn geni babanod a'u bwydo ar laeth sy'n cael ei wneud y tu mewn i gorff y fam.

*Mae bodau dynol yn perthyn i **rywogaeth**, neu grŵp, o'r enw* Homo sapiens, *neu 'ddyn doeth'.*

Biolegwyr yw gwyddonwyr sy'n archwilio pethau byw. Mae popeth byw, gan gynnwys bodau dynol, yn rhannu nodweddion arbennig. Mae angen bwyd arnyn nhw ac maen nhw'n defnyddio egni cemegol o hwnnw i dyfu a symud. Maen nhw'n cynhyrchu gwastraff, yn ymateb i'r byd o'u cwmpas ac i gyd yn cychwyn fel **cell** unigol, gan atgenhedlu i ffurfio bywyd newydd.

## Awgrym

I beintio eich modelau o'r corff, dewiswch baent acrylig neu baent cyffredin wedi'i gymysgu â glud hydoddiant rwber.

## MAE'N GWEITHIO!

Beth am fod yn fiolegydd bodau dynol?
Edrychwch yn fanwl arnoch eich hun a phawb
o'ch cwmpas. Gallwch wneud yr arbrofion yn
y llyfr hwn arnoch eich hun neu ar ffrindiau.
Bydd rhai yn dangos y byd o dan y croen, er
mwyn i chi weld beth sy'n digwydd o dan yr
wyneb. Gallwch hefyd wneud modelau i'ch
helpu i ddeall sut mae **organau** pwysig, fel y
galon a'r ysgyfaint, yn gweithio.

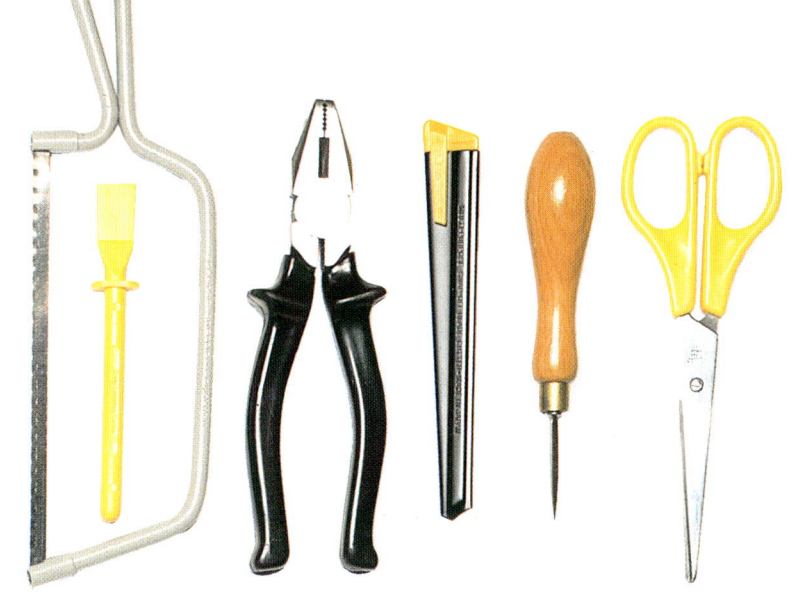

## Gwneud modelau o'r corff

Byddwch yn adeiladu modelau maint llawn o
brif systemau'r corff i gyd. Yn y pen draw,
cewch weld eich holl gorff y tu chwith allan!
Mae'r lluniau yn dangos rhai o'r offer y bydd
arnoch eu hangen.

## Gwneud arbrofion

Bydd nifer o arbrofion yn dangos sut mae'r
corff yn gweithio. Fel gwyddonwyr, rhaid i ni
gofio cofnodi pob arbrawf. Gallwch wneud hyn
trwy ysgrifennu nodiadau neu recordio eich
canlyniadau ar recordydd tâp. Mae'r lluniau
yma'n dangos yr offer pwysicaf ar gyfer eich
arbrofion.

*Wyddech chi eich bod
yn ganlyniad i 1.5
miliwn o flynyddoedd
o hanes bodau dynol?
Yn ystod y cyfnod hwn,
mae bodau dynol wedi
newid a datblygu.
Rydym wedi dysgu
cerdded ar ddwy droed
a defnyddio ein dwylo i
drin offer. Rydym hefyd
yn defnyddio iaith i
gyfathrebu â'n gilydd.*

Eich **sgerbwd** ydy fframwaith eich corff. Mae ynddo hyd at 206 o esgyrn sydd wedi eu cysylltu â'i gilydd gan y **cymalau**. Mae maint a siapiau'r esgyrn yn wahanol, yn dibynnu ar y gwaith maen nhw'n ei wneud. Yr asgwrn mwyaf yn y corff yw asgwrn y glun neu'r ffemwr. Y lleiaf yw asgwrn bach o'r enw gwarthol, yn y glust.

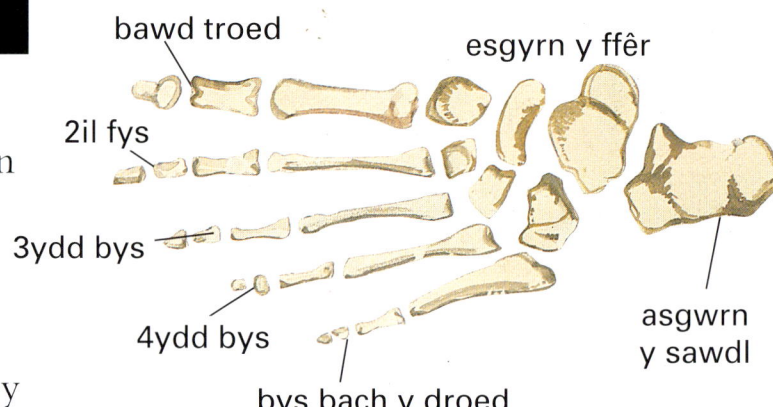

bawd troed

esgyrn y ffêr

2il fys

3ydd bys

4ydd bys

bys bach y droed

asgwrn y sawdl

▲ Mae gan fodau dynol fysedd traed byr, cadarn sy'n gweithio fel sbring i wthio'r corff oddi ar y llawr wrth i ni gerdded a'i helpu i gydbwyso.

### Sefyll yn syth
Mae'r rhan fwyaf o famolion yn cerdded ar bedair troed. Mae'r sgerbwd dynol, gyda help y **cyhyrau** a'r **gewynnau,** yn ein galluogi i gerdded o gwmpas wrth inni ddal i sefyll yn syth. Mae esgyrn hir, trwchus y coesau a'r traed yn cario pwysau'r corff. Mae esgyrn siâp bowlen y pelfis yn sylfaen gadarn i'r asgwrn cefn.

### MAE'N GWEITHIO!
Ydych chi wedi meddwl sut beth fyddai gallu gweld eich sgerbwd eich hun trwy'r croen a'r cyhyrau? Gwnewch eich hun yn sgerbwd go iawn trwy dorri esgyrn o gerdyn a'u glynu i'w lle!

### Bydd arnoch angen
siswrn
tâp gludiog dwyochrog
paent neu bensiliau lliw
cerdyn o liw golau

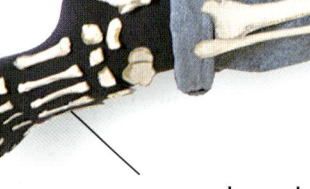

asgwrn croth y goes

asgwrn y grimog

esgyrn y ffêr

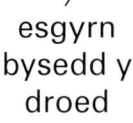

esgyrn y droed

asgwrn pen-glin

asgwrn y glun

esgyrn bysedd y droed

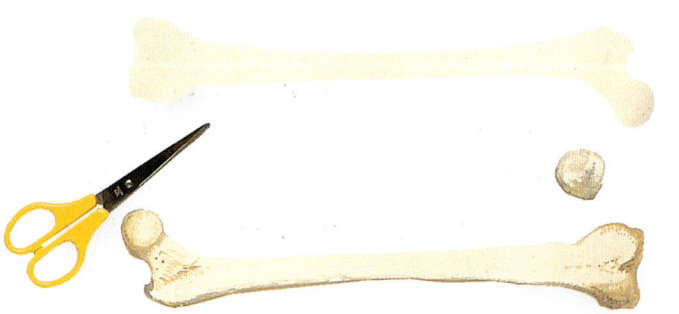

**1** Wrth ddilyn y lluniau sydd yma, gwnewch siapiau'r esgyrn ar y cerdyn. Ceisiwch eu mesur i ffitio eich corff chi.

**2** Torrwch y siapiau esgyrn o'r cerdyn.

**3** Defnyddiwch baent neu bensiliau i liwio'r esgyrn – gwnewch nhw'n dywyllach o gwmpas y cymalau (lle mae dau asgwrn yn cwrdd).

## Y sgerbwd yn ein gwarchod

Mae rhai esgyrn yn amddiffyn yr organau sydd y tu mewn i'r corff. Mae siâp crwm y pelfis yn gwarchod y bledren. Mae'r asennau yn amgylchynu'r galon a'r ysgyfaint fel barrau cawell, ac mae'r benglog yn amddiffyn yr ymennydd.

*Mae gan bob mamolyn, beth bynnag yw ei faint, tua'r un nifer o esgyrn yn ei gorff. Yr un faint o esgyrn sydd mewn corff llygoden ag sydd mewn corff eliffant.*

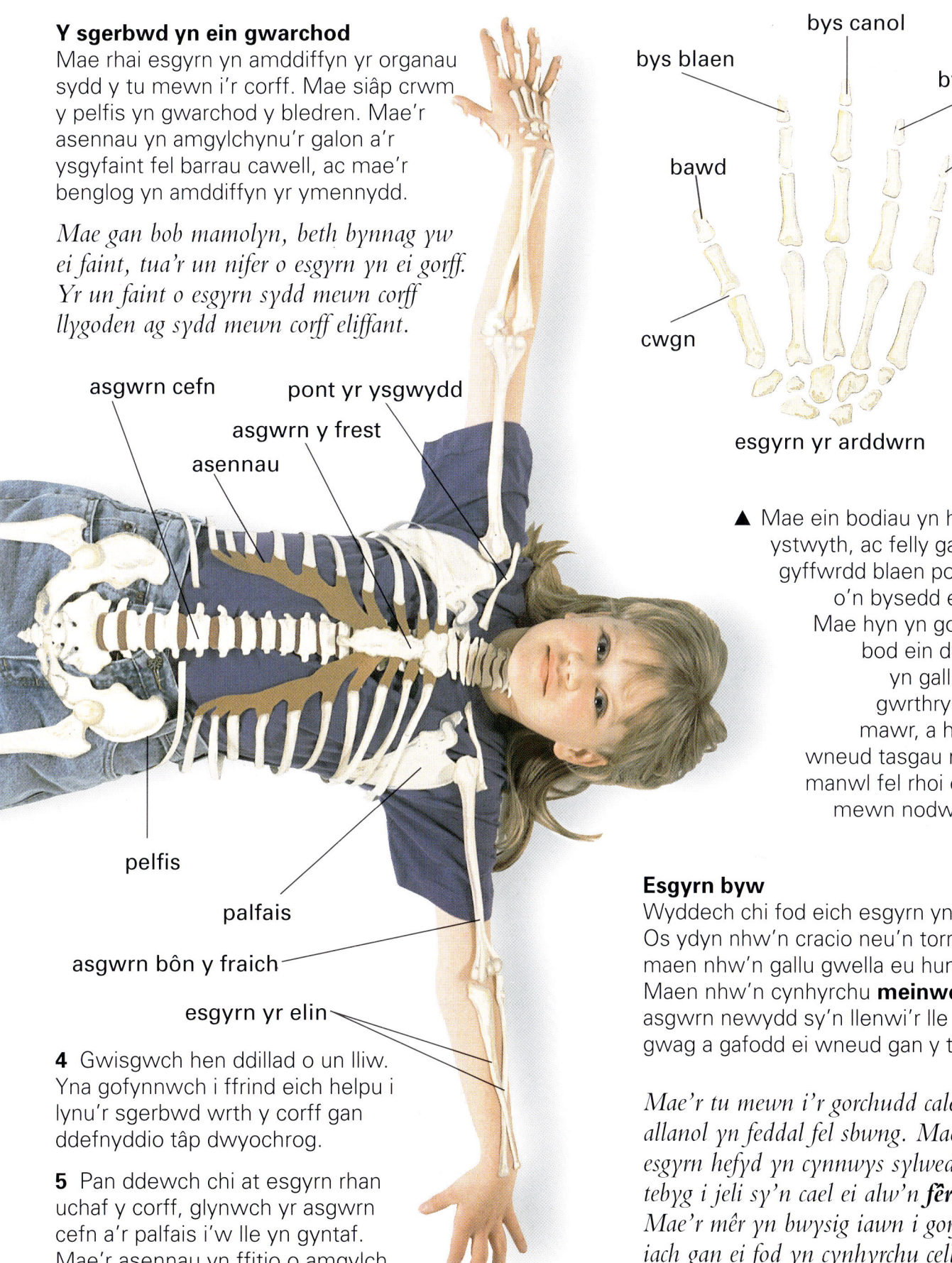

asgwrn cefn

pont yr ysgwydd

asgwrn y frest

asennau

pelfis

palfais

asgwrn bôn y fraich

esgyrn yr elin

bys blaen

bys canol

bys modrwy

bys bach

bawd

cwgn

esgyrn yr arddwrn

▲ Mae ein bodiau yn hir ac ystwyth, ac felly gallwn gyffwrdd blaen pob un o'n bysedd eraill. Mae hyn yn golygu bod ein dwylo yn gallu dal gwrthrychau mawr, a hefyd wneud tasgau mwy manwl fel rhoi edau mewn nodwydd.

**4** Gwisgwch hen ddillad o un lliw. Yna gofynnwch i ffrind eich helpu i lynu'r sgerbwd wrth y corff gan ddefnyddio tâp dwyochrog.

**5** Pan ddewch chi at esgyrn rhan uchaf y corff, glynwch yr asgwrn cefn a'r palfais i'w lle yn gyntaf. Mae'r asennau yn ffitio o amgylch yr asgwrn cefn.

## Esgyrn byw

Wyddech chi fod eich esgyrn yn fyw? Os ydyn nhw'n cracio neu'n torri, maen nhw'n gallu gwella eu hunain. Maen nhw'n cynhyrchu **meinwe** asgwrn newydd sy'n llenwi'r lle gwag a gafodd ei wneud gan y toriad.

*Mae'r tu mewn i'r gorchudd caled allanol yn feddal fel sbwng. Mae rhai esgyrn hefyd yn cynnwys sylwedd tebyg i jeli sy'n cael ei alw'n* **fêr**. *Mae'r mêr yn bwysig iawn i gorff iach gan ei fod yn cynhyrchu celloedd cochion.*

Gorchudd o asgwrn caled yw'r benglog sy'n amddiffyn yr ymennydd a'r organau synhwyro. Mae wyth plât o esgyrn cryf o amgylch yr ymennydd. Mae esgyrn isaf y benglog yn amddiffyn y llygaid a'r clustiau. Mae'r dannedd wedi'u gosod yn gadarn mewn tyllau bach yn asgwrn uchaf ac isaf yr ên.

**Awgrym**  Ar gyfer rhai o'r gweithgareddau yn y llyfr hwn, byddwch yn torri rhai siapiau anodd o gerdyn. Os oes peiriant llungopïo ar gael, gallech gopïo'r siapiau ar bapur dargopïo, eu chwyddhau wrth lungopïo, ac yna torri o amgylch y llungopïau i wneud patrymluniau maint llawn.

**1** Torrwch siâp y benglog o'r cerdyn.

**2** Copïwch y llinellau tonnog sydd i'w gweld yn y llun. Mae'r llinellau hyn ar y benglog yn cael eu galw'n asiadau. Maen nhw'n dangos ble mae'r esgyrn wedi ymuno.

**Bydd arnoch angen**
siswrn          glud
darn mawr o gerdyn tenau
dau ffasnydd papur

**MAE'N GWEITHIO!**
Gwnewch benglog â cherdyn, gydag asgwrn gên sy'n gallu symud. Fel hyn, gallwch weld sut mae esgyrn y corun yn ffitio i'w gilydd. Sylwch mai asgwrn yr ên yw'r unig ran o'r benglog sy'n gallu symud.

*Pan gawsoch eich geni, roedd eich penglog yn feddal am fod yr esgyrn yn dal i ffurfio. Erbyn eich bod yn ddwy oed, roedd yr esgyrn wedi caledu ac asio. Mae'r llinellau ble gwnaethon nhw ymuno i'w gweld ar y benglog. Wrth i chi fynd yn hŷn, bydd y llinellau hyn yn llai amlwg, ac efallai'n diflannu.*

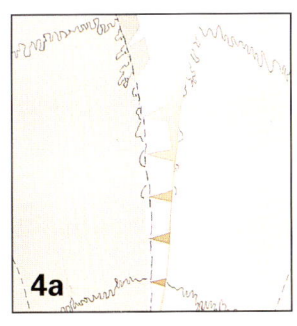

**4a**

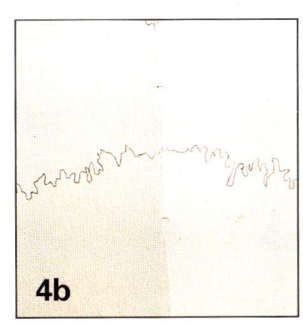

**4b**

**5** Cysylltwch asgwrn yr ên â dwy ochr y benglog gan ddefnyddio'r ffasnyddion papur.

**6** Yn olaf, glynwch y dannedd i'w lle, un set ar yr ên uchaf a'r llall ar yr ên isaf. Nawr dylai fod gennych benglog sy'n gwenu!

**3** Torrwch ar hyd y llinellau solid i wneud tabiau. Plygwch ar hyd y llinellau dotiau.

**4** Glynwch y tabiau ar hyd ochrau a phen uchaf y benglog.

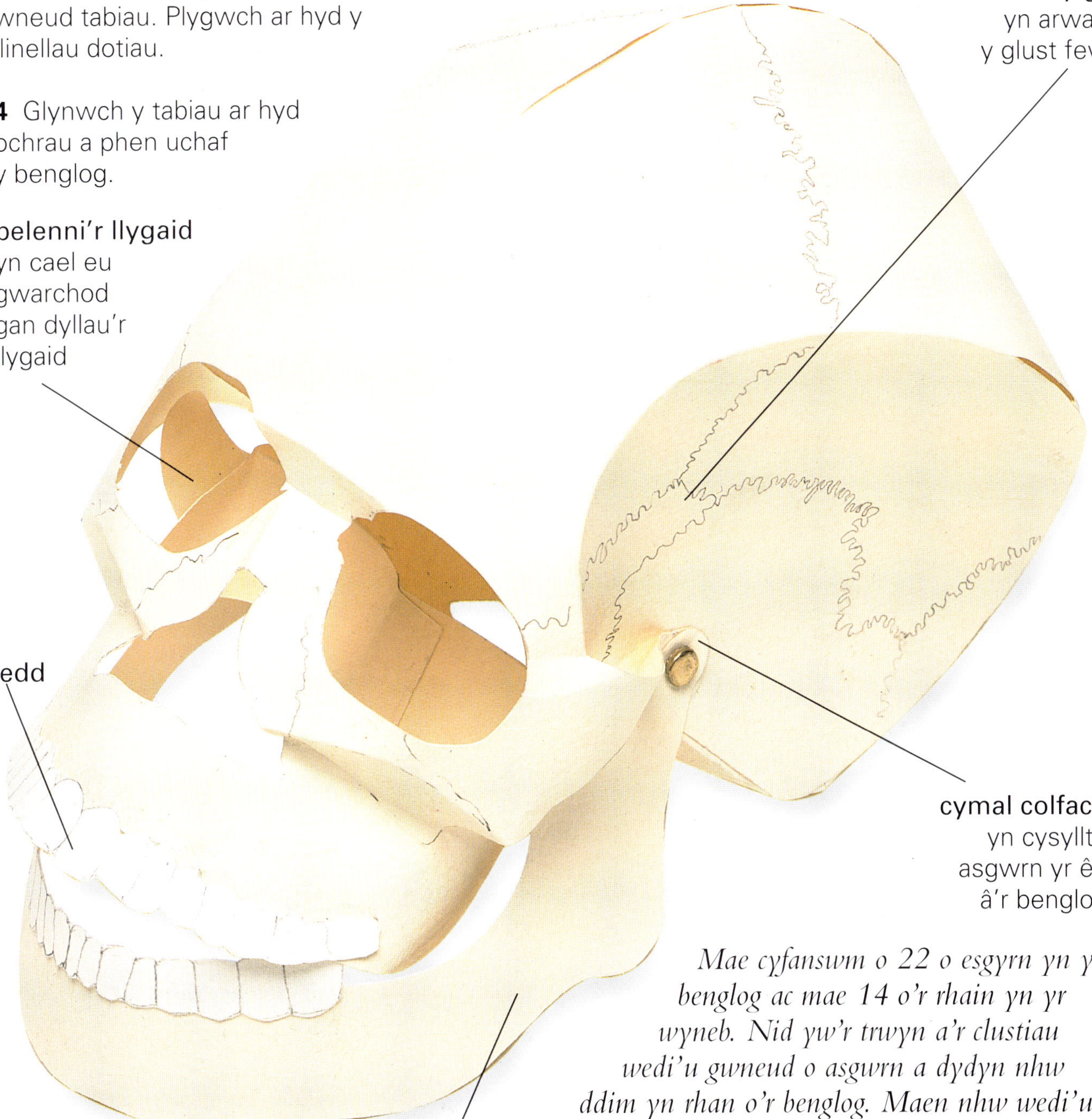

**pelenni'r llygaid**
yn cael eu gwarchod gan dyllau'r llygaid

**camlas y glust**
yn arwain at y glust fewnol

**dannedd**

**cymal colfach**
yn cysylltu asgwrn yr ên â'r benglog

**asgwrn yr ên**

*Mae cyfanswm o 22 o esgyrn yn y benglog ac mae 14 o'r rhain yn yr wyneb. Nid yw'r trwyn a'r clustiau wedi'u gwneud o asgwrn a dydyn nhw ddim yn rhan o'r benglog. Maen nhw wedi'u gwneud o feinwe mwy meddal a hyblyg, sef cartilag, a dyma sy'n rhoi eu siâp iddyn nhw.*

Lle bynnag mae dau asgwrn yn cwrdd, maen nhw'n ffurfio cymal. Ein cymalau sy'n ein galluogi i blygu a throi ein cyrff. Wrth y cymal, mae'r esgyrn yn cael eu gwahanu gan feinwe meddal amddiff-ynnol sy'n cael ei alw'n gartilag, a hefyd gan hylif arbennig sy'n eu rhwystro rhag crafu yn erbyn ei gilydd. Mae gewynnau yn gweithredu fel strapiau elastig i ddal yr esgyrn wrth ei gilydd.

## Bydd arnoch angen

| | |
|---|---|
| blociau polystyren | paent acrylig |
| pinnau ffelt | ffeil grefft |

**1** Tynnwch lun siapiau'r cymalau isod ar y polystyren. Defnyddiwch y ffeil grefft i'w cerfio, gan ddilyn y llinellau.

**2** Peintiwch y cymalau gorffenedig yn lliw melyn hufennog.

Y benglog: mae'r cymalau wedi asio at ei gilydd, fel darnau jig-so. Maen nhw'n ffurfio plât caled o asgwrn sy'n amddiffyn yr ymennydd.

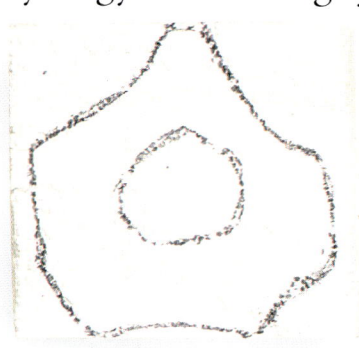

acsis

atlas

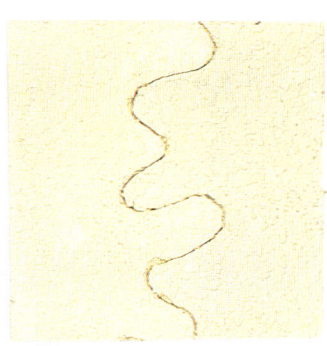

penglog

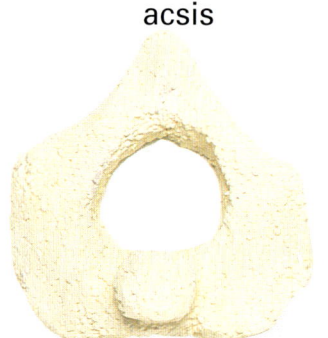

## MAE'N GWEITHIO!

Mae gennych nifer o wahanol gymalau yn eich corff. Mae pob un wedi cael ei gynllunio'n arbennig ar gyfer gwahanol fath o symudiad. Cymalau sy'n eich helpu i ddal eich pen i fyny, cerdded, a defnyddio eich dwylo a'ch bysedd mewn gwahanol ffyrdd. Gwnewch y modelau hyn i weld sut mae'r cymal yn cyd-fynd â'r symudiad.

Yr asgwrn cefn: mae ganddo 24 o esgyrn. Mae'r cymalau sydd rhyngddyn nhw'n cael eu galw'n gymalau cartilagaidd. Maen nhw'n galluogi'r asgwrn cefn i fod yn ystwyth.

◄ Yn eich gwddf mae cymal cylchdroi, sy'n eich galluogi i nodio ac ysgwyd eich pen. Mae'r asgwrn atlas yn troi o gylch yr asgwrn acsis ar ben uchaf eich asgwrn cefn i wneud hwn yn gymal arbennig.

Edrychwch ar eich corff eich hun, i weld sut mae'r cymalau yn gweithio. Er enghraifft, mae'n hawdd gweld bod gan eich penelin gymal colfachog. Cymharwch symudiadau eich penelin â symudiadau eich ysgwydd, sydd â chymal mwy ystwyth.

*Ar gyfartaledd, mae pob person yn plygu cymalau ei fysedd 25 miliwn o weithiau yn ystod ei fywyd! Does ryfedd fod y cymalau yn gallu treulio a chwyddo'n boenus. Yr enw ar hyn yw cryd cymalau'r esgyrn (osteo-arthritis).*

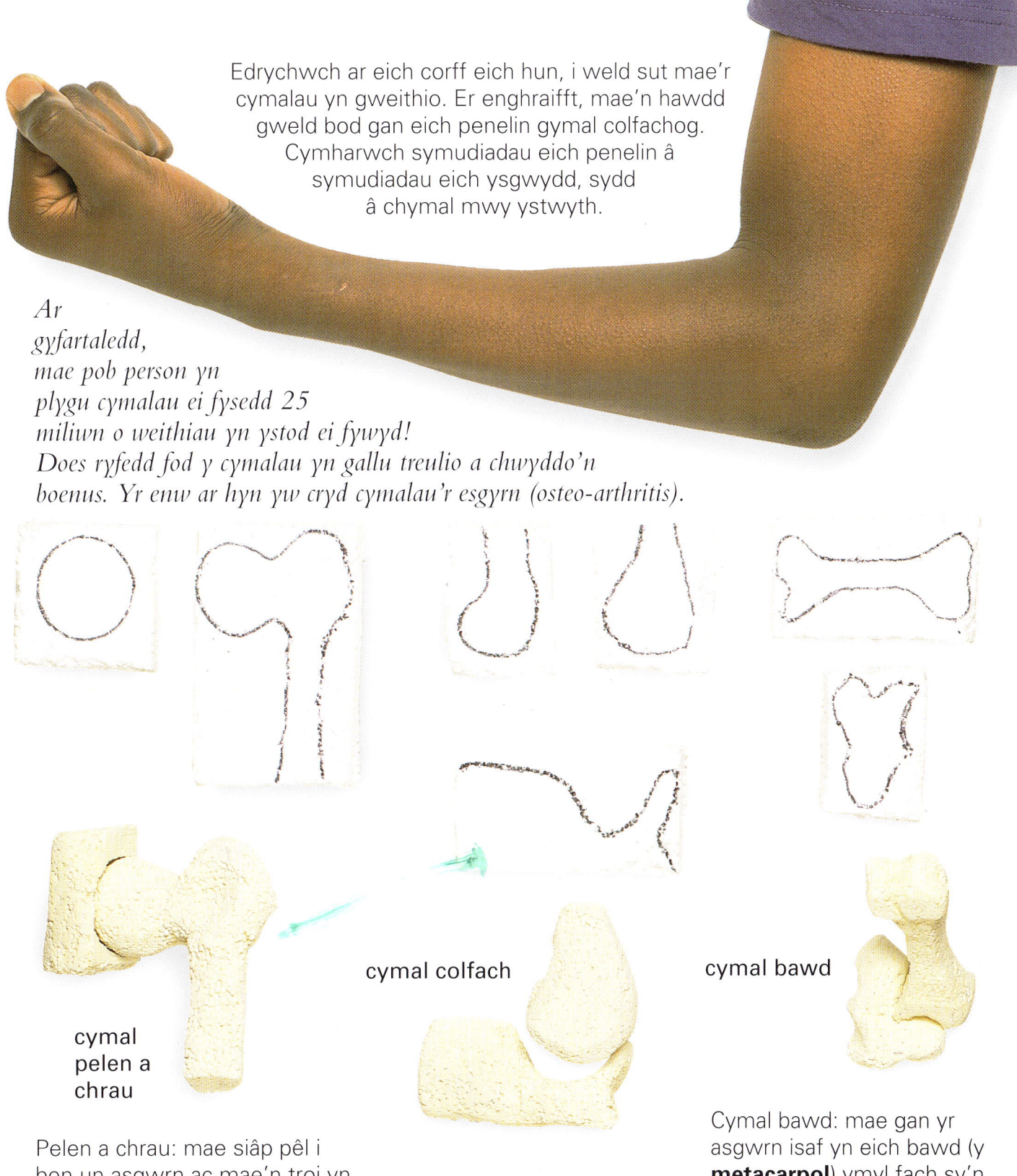

cymal colfach

cymal bawd

cymal pelen a chrau

Pelen a chrau: mae siâp pêl i ben un asgwrn ac mae'n troi yn yr asgwrn crau, siâp cwpan. Dyma'r math o gymal sydd i'w gael yn y glun a'r ysgwydd. Mae pobl ystwyth iawn yn gallu gwneud pob math o symudiadau â'r cymalau hyn.

Cymal colfach: cymal sy'n symud yn ôl ac ymlaen mewn llinell syth, fel colfachau ar ddrws. Dyma'r math o gymal sydd i'w gael yn y benelin a'r pen-glin.

Cymal bawd: mae gan yr asgwrn isaf yn eich bawd (y **metacarpol**) ymyl fach sy'n ffitio'n dwt i'r asgwrn bach ar waelod y bawd. Pan fo'r ddau asgwrn hyn yn gweithio gyda'i gilydd maen nhw'n galluogi'r bawd i droi mewn cylch cyfan.

Mae esgyrn y sgerbwd yn cael eu symud gan y cyhyrau. Mae gan y corff dynol tua 600 o gyhyrau **sgerbydol**. Bydd y rhain yn symud pan fyddwch chi'n penderfynu eu symud. Mae cyhyrau **anrheoledig**, fel y rhai yn y system dreulio, yn symud pan fo'r corff angen iddyn nhw symud.

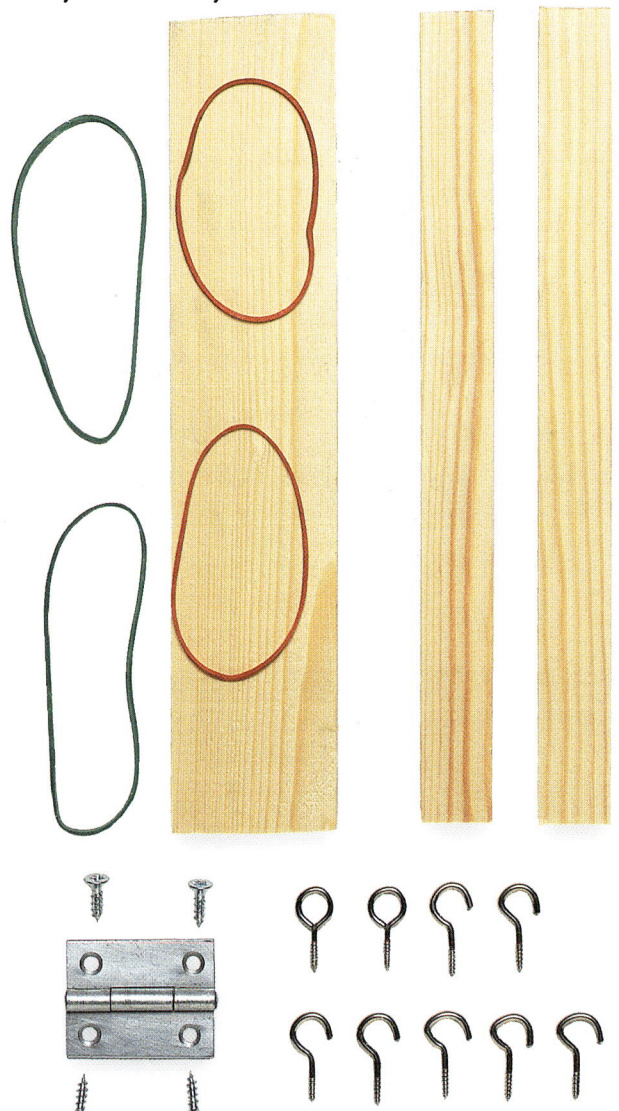

**Bydd arnoch angen**

| | |
|---|---|
| colfach | pedair sgriw |
| tyrnsgriw | saith bachyn agored |
| tri stribed o bren | dau fachyn caeëdig |
| dau fand elastig coch a dau wyrdd | |

## MAE'N GWEITHIO!

Mae'r cyhyrau'n cael eu cysylltu â'r esgyrn gan y **gewynnau**, sydd fel stribedi elastig. Maen nhw'n gweithio trwy dynnu'n erbyn yr asgwrn. Wrth wneud eich model eich hun o gyhyrau'n gweithio, cewch weld pa mor gryf ydyn nhw.

**1** Defnyddiwch dyrnsgriw i sgriwio'r colfach i un pen y darn pren lletaf. Sgriwiwch y ddau ddarn culach i hanner arall y colfach. Mae'r darnau pren yn cynrychioli tri asgwrn y fraich. Gallwch eu cymharu ag esgyrn y fraich a wnaethoch ar dudalen 6.

**2** Sgriwiwch bedwar o'r bachau agored ac un bachyn caeëdig i'r pren fel yn y llun. Rhowch y bandiau elastig coch trwy'r bachyn caeëdig a'u hestyn rhwng y bachau agored. Mae'r bandiau hyn yn cynrychioli'r cyhyr deuben, sef y cyhyr sydd y tu mewn i asgwrn bôn y fraich.

**3** Sgriwiwch y bachau sydd ar ôl fel yn y llun a chysylltwch y bandiau elastig gwyrdd i ffurfio'r cyhyr triphen, y cyhyr ar y tu allan i fôn y fraich.

Bydd eich model terfynol yn dangos sut mae cyhyrau'n aml yn gweithio mewn parau (sy'n cael eu cynrychioli gan fandiau elastig gwahanol liw). Mae un cyhyr yn cywasgu, neu'n mynd yn fyrrach a thewach. Wrth iddo fyrhau, mae'n tynnu'r asgwrn sydd wedi'i gysylltu ato, gan blygu'r cymal. Mae'r cyhyr arall yn y pâr yn gweithio yn yr un ffordd i sythu'r cymal. Mae'n rhaid i gyhyrau weithio gyda'i gilydd fel hyn i rwystro'r cymalau rhag aros yn yr un lle a methu symud.

*Efallai fod cerdded yn ymddangos yn dasg syml, ond wyddech chi fod 200 o gyhyrau ar waith bob tro?*

Gewynnau sy'n dal yr esgyrn gyda'i gilydd wrth y cymal. Maen nhw hefyd yn rhwystro'r cymalau rhag cael eu symud yn rhy bell i un cyfeiriad. Gallwch ddefnyddio onglydd i fesur amrediad symudiadau nifer o gymalau yn y corff, fel braich, pen-glin neu fawd. Fe welwch fod gan rai pobl fwy o amrediad symudiadau nag eraill. Trwy ymarfer y cyhyrau, maen nhw'n dod yn fwy ystwyth. Mae cyrff dawnswyr bale, er enghraifft, yn dod yn ystwyth iawn wrth ymarfer llawer.

*Mae dros 600 o gyhyrau yn y corff dynol. Mewn oedolion, y cyhyrau sy'n gyfrifol am bron i hanner pwysau'r corff.*

*Os yw cyhyrau'n cael eu gorweithio, maen nhw'n gallu aros wedi cyfangu am ormod o amser ac achosi cramp (cwlwm chwithig).*

# 14 Croen

Eich croen yw organ mwyaf y corff, yn ei orchuddio i gyd – hyd yn oed y tu mewn i'r geg a'r trwyn! Mae eich croen yn wrth-ddŵr. Mae hefyd yn amddiffyn eich corff rhag heintiau, anafiadau a phelydrau niweidiol yr haul. Celloedd marw sydd yn haen uchaf y croen. O dan y rhain, mae miloedd o gelloedd byw bach, bach. Mae pob cell yn byw am tua thair wythnos. Wrth iddyn nhw fynd yn hŷn maen nhw'n codi i haen uchaf y croen, ac yn cael eu rhwbio i ffwrdd. Yna daw eraill i gymryd eu lle.

## MAE'N GWEITHIO!

Gwnewch fodel sy'n dangos yr hyn sy'n digwydd o dan y croen. Yn ogystal ag amddiffyn y corff, mae'r croen yn helpu rheoli ei dymheredd. Mae **chwarennau** chwys yn gwthio chwys i wyneb y croen. Yna mae'r chwys yn **anweddu**, gan helpu'r corff i oeri.

**Bydd arnoch angen**

| | |
|---|---|
| darnau hoelbren | bloc polystyren |
| ffeil grefft | paent acrylig |
| pin ffelt | |
| gwifren las, un goch ac un wen | |

**1** Ar y bloc polystyren, lluniwch fraslun o siâp croestoriad y croen. Yna cerfiwch y siâp yn ofalus â'r ffeil grefft.

**2** Fel yn y llun, siapiwch wyneb y croen. Y pantiau yw'r **mandyllau** lle mae'r chwys yn dod i'r wyneb.

**3** Siapiwch haenau'r croen fel yn y llun. Fe welwch fod tair prif haen. Cerfiwch ochr y croestoriad, i wneud siâp tri dimensiwn y chwarennau chwys a'r **ffoliglau** blew. Mae blew eich corff i gyd yn tyfu o ffoliglau fel hyn, sydd wedi'u claddu o dan haenau uchaf y croen.

**4** Gwthiwch y darnau hoelbren i wyneb y model o'r croen. Mae'r rhain yn cynrychioli'r blew sy'n gorchuddio'r holl gorff (ar wahân i gledrau'r dwylo a gwadnau'r traed).

**5** Peintiwch eich model, gan ddefnyddio'r gwahanol liwiau a ddangosir i gynrychioli'r cyhyrau, meinwe gwyn, chwarennau chwys a ffoliglau blew.

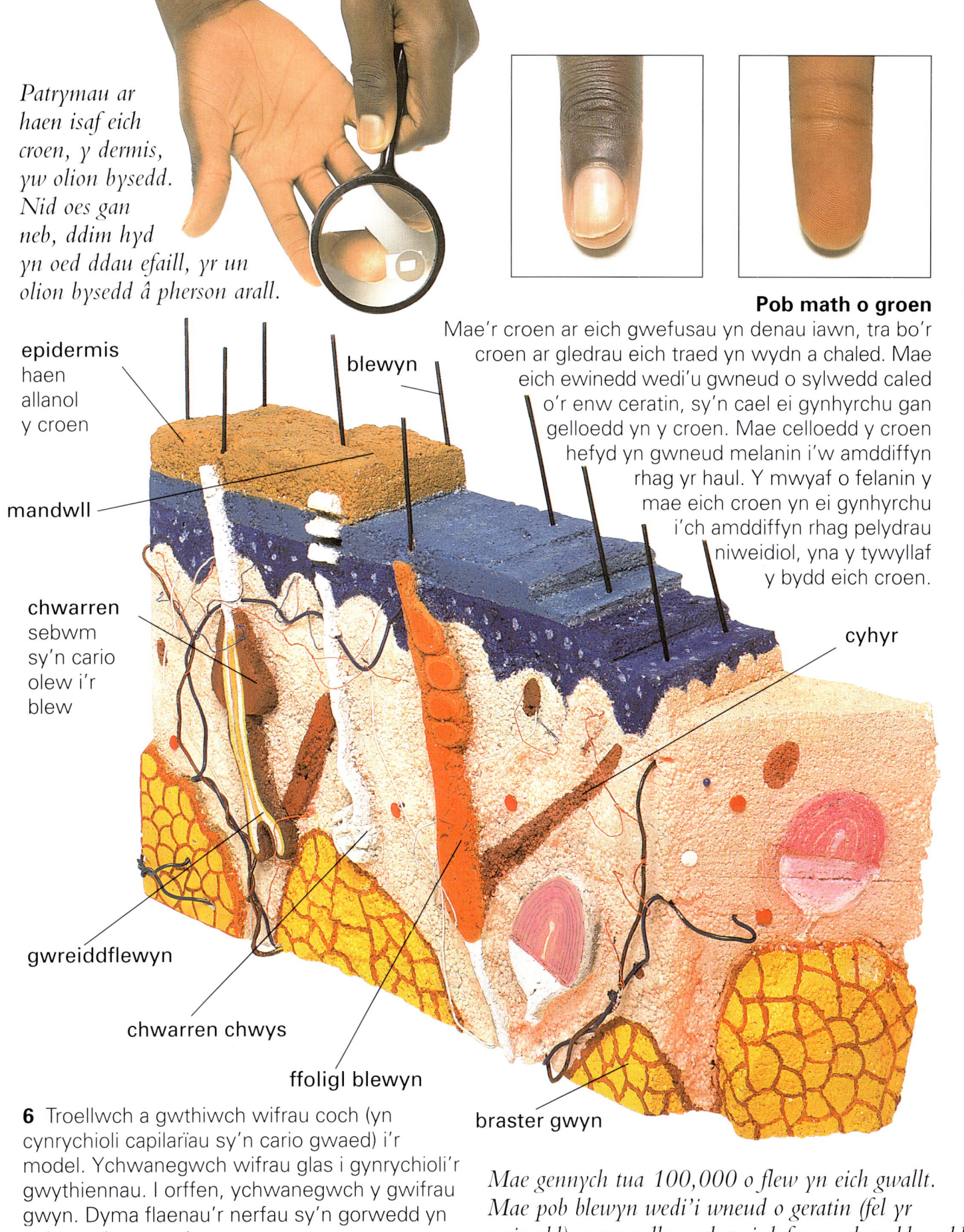

*Patrymau ar haen isaf eich croen, y dermis, yw olion bysedd. Nid oes gan neb, ddim hyd yn oed ddau efaill, yr un olion bysedd â pherson arall.*

**Pob math o groen**

Mae'r croen ar eich gwefusau yn denau iawn, tra bo'r croen ar gledrau eich traed yn wydn a chaled. Mae eich ewinedd wedi'u gwneud o sylwedd caled o'r enw ceratin, sy'n cael ei gynhyrchu gan gelloedd yn y croen. Mae celloedd y croen hefyd yn gwneud melanin i'w amddiffyn rhag yr haul. Y mwyaf o felanin y mae eich croen yn ei gynhyrchu i'ch amddiffyn rhag pelydrau niweidiol, yna y tywyllaf y bydd eich croen.

**epidermis**
haen allanol y croen

**blewyn**

**mandwll**

**chwarren**
sebwm sy'n cario olew i'r blew

**cyhyr**

**gwreiddflewyn**

**chwarren chwys**

**ffoligl blewyn**

**braster gwyn**

**6** Troellwch a gwthiwch wifrau coch (yn cynrychioli capilarïau sy'n cario gwaed) i'r model. Ychwanegwch wifrau glas i gynrychioli'r gwythiennau. I orffen, ychwanegwch y gwifrau gwyn. Dyma flaenau'r nerfau sy'n gorwedd yn union o dan wyneb y croen.

*Mae gennych tua 100,000 o flew yn eich gwallt. Mae pob blewyn wedi'i wneud o geratin (fel yr ewinedd) ac yn gallu parhau i dyfu am chwe blynedd.*

Y celloedd yw blociau adeiladu y corff dynol. Mae pob rhan o'r corff – esgyrn, croen, nerfau, cyhyrau wedi'i gwneud o gelloedd. Er bod celloedd sy'n gwneud gwaith gwahanol yn wahanol o ran maint a siâp, mae eu hadeiledd sylfaenol bob amser yr un fath.

Mae gan bob cell unigol ei chanolfan reoli ei hun. Yn y ganolfan hon mae'r **cromosomau**, sy'n cynnwys y cyfarwyddiadau y mae ar y gell eu hangen i wneud ei gwaith.

▲ Mae bodau dynol yn rhan o un grŵp mawr sy'n perthyn i'w gilydd. Efallai nad ydyn nhw'n edrych fel eu bod yn perthyn – y croen, llygaid a gwallt o liw gwahanol. Ond maen nhw'n perthyn i'r un rhywogaeth, neu uned fiolegol.

**2** Torrwch hollt gul o ymyl pob cylch cerdyn i'r canol. Gwnewch yr hollt yr un lled â thrwch y cerdyn.

**3** Gosodwch y ddau gylch cerdyn wrth ei gilydd fel yn y llun, a glynwch nhw i'w lle. Peintiwch nhw'n felyn.

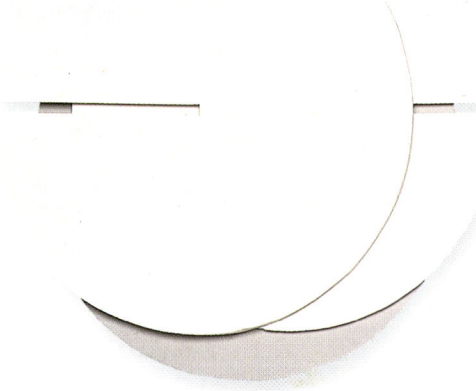

**4** Plygwch y cylchoedd yn eu hanner, a'u glynu ar wyneb mewnol eich cell gerdyn.

**MAE'N GWEITHIO!**
Gwnewch fodel o groestoriad cell er mwyn gweld mor gymhleth ydyw. Mae'n anodd dychmygu bod tua 50,000 miliwn o gelloedd yn eich corff.

**5** Defnyddiwch y bêl feddal i wneud cnewyllyn y gell. Peintiwch ei thu allan yn wyrdd, a thorrwch segment chwarter ohoni.

**6** Glynwch y bêl ar wal y gell fel yn y llun, a pheintiwch ganol y cnewyllyn yn las.

**Bydd arnoch angen**

| | |
|---|---|
| gwifren arddio gref | gwifren drydan |
| clai modelu | pinnau mapio |
| paent acrylig | papur melyn |
| cerdyn trwchus | pêl sbwng feddal |

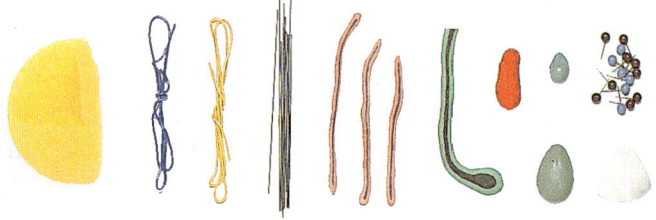

**1** Torrwch ddau gylch o'r cerdyn. Yna torrwch bedwar cylch tebyg o'r papur melyn.

**lysosom**
mae'n dinistrio sylweddau
niweidiol

**mitocondrion**
storfa egni'r gell

**cytoplasm**
hylif yn cynnwys y cemegion
sydd eu hangen i gadw'r gell yn
fyw; mae hefyd yn dal rhannau
symudol y gell wrth ei gilydd

**ribosom**
mae'n cynhyrchu
sylweddau
cemegol sy'n
cael eu
defnyddio
yn y gell, ac
mewn
rhannau
eraill o'r
corff

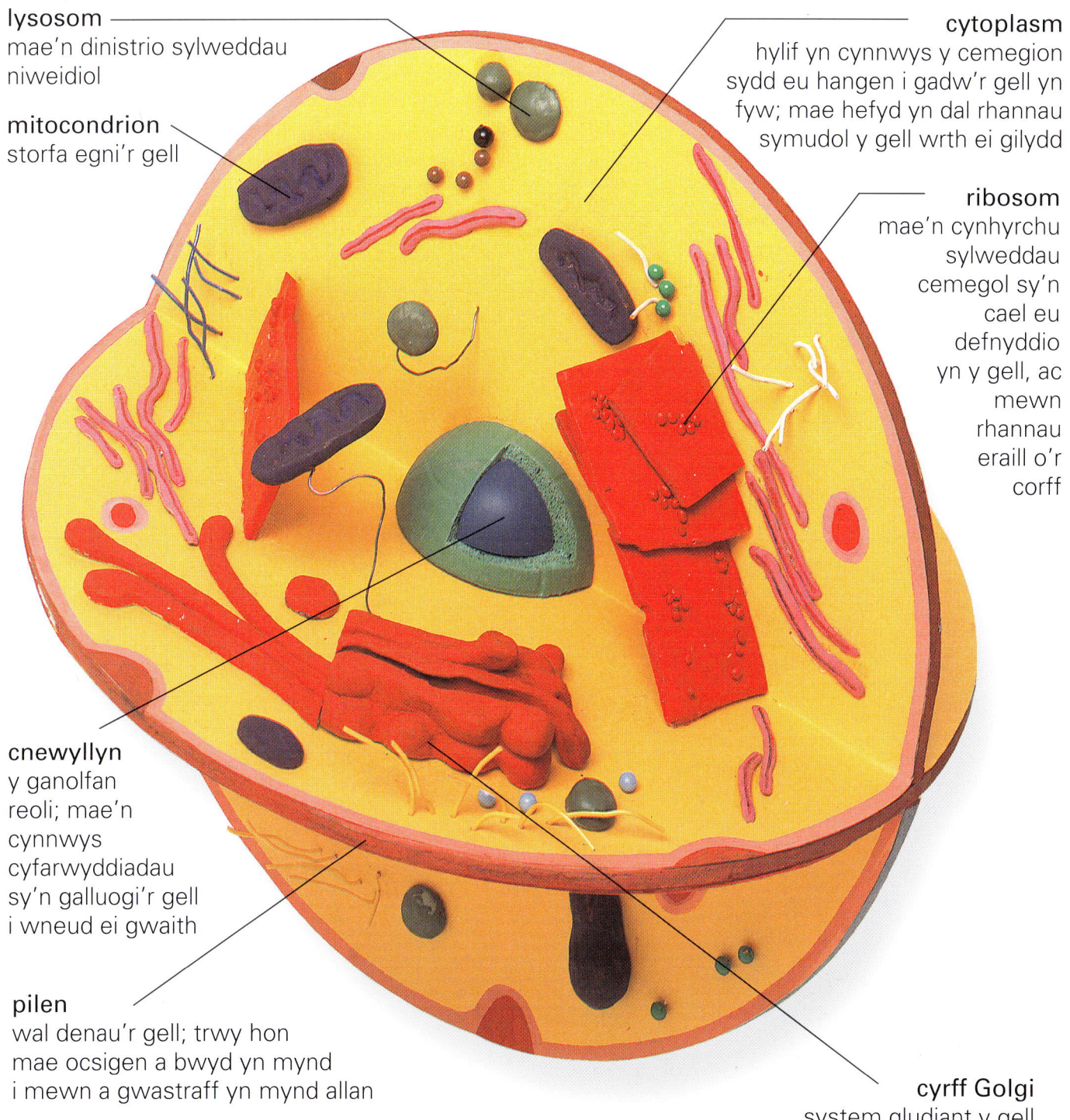

**cnewyllyn**
y ganolfan
reoli; mae'n
cynnwys
cyfarwyddiadau
sy'n galluogi'r gell
i wneud ei gwaith

**pilen**
wal denau'r gell; trwy hon
mae ocsigen a bwyd yn mynd
i mewn a gwastraff yn mynd allan

**cyrff Golgi**
system gludiant y gell

**7** Defnyddiwch y clai i ffurfio siapiau
gweddill rhannau'r gell, gan ddefnyddio'r
llun i'ch helpu. Gwthiwch ddarnau o
wifren drydan a phinnau mapio i'r cerdyn.

**8** Defnyddiwch y wifren arddio gref i
ddal rhai o rannau symudol y gell yn eu
lle. Glynwch y rhannau eraill yn syth ar
wyneb y cerdyn.

*Mae'r rhan fwyaf o gelloedd yn gallu atgynhyrchu eu
hunain ac yn gwneud hynny trwy gydol bywyd. Dydy rhai
celloedd eraill ond yn byw am ychydig oriau, diwrnodau
neu wythnosau, tra bo eraill yn byw yn hirach. Mae
celloedd yr esgyrn yn byw am hyd at 20 mlynedd, tra bo
celloedd y croen ond yn byw am dair wythnos. Nid yw
celloedd y nerfau yn gallu atgynhyrchu, felly mae'n rhaid
iddyn nhw barhau am oes.*

Mae system gyfathrebu'r corff wedi'i gwneud o filoedd o nerfau. Maen nhw'n cario negesau trydanol i'r ymennydd ac yn ôl. Mae eich ymennydd a madruddyn eich cefn yn rheoli prif organau'r corff heb i chi orfod meddwl am hynny. Mae'r organau **synhwyro** yn anfon negeseuon i'r ymennydd am y byd mawr y tu allan (mwy ar dudalennau 36 i 41).

▶ Defnyddiwch binnau cau bach i ddal darnau o edafedd neu linyn melyn ar eich dillad i ddangos y brif system nerfol.

## MAE'N GWEITHIO!

Gwnewch fodel o'r system nerfol. Fe welwch sut mae'r nerfau o brif organau'r corff i gyd yn cysylltu â madruddyn y cefn. Mae madruddyn y cefn yn anfon negeseuon yn uniongyrchol rhwng y corff â'r ymennydd.

### Bydd arnoch angen
papur coch a phapur melyn
llinyn melyn
tâp
glud

calon (t. 22)

ysgyfaint (t. 24)

1  Defnyddiwch yr asgwrn cefn rydych wedi'i wneud yn barod (t. 6).

2  Torrwch 16 disg fach a 3 siâp hirgrwn mwy o'r papur melyn, ac 11 disg o'r papur coch.

3  Torrwch 16 darn o linyn melyn.

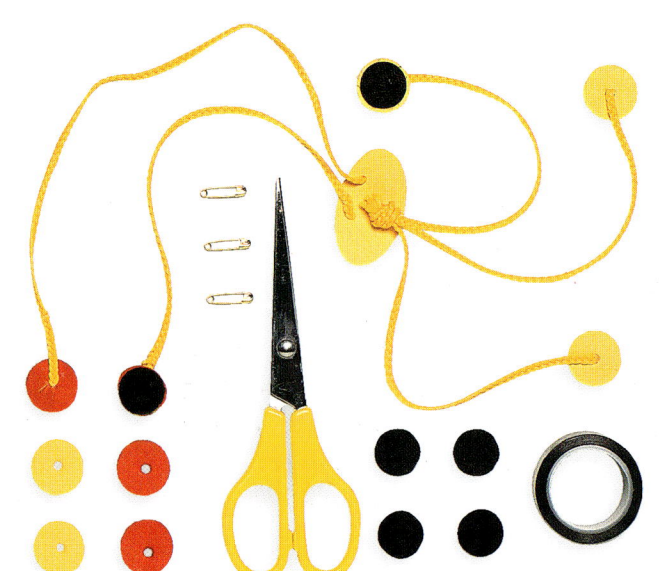

**4** Wrth weithio trwy'r llyfr, gwnewch fodelau o organau'r corff a'u cysylltu â'r system nerfol. Glynwch linyn melyn wrth y disgiau coch a chysylltu'r disgiau â'r organau. Dewiswch naill ai organau atgenhedlu gwryw neu fenyw.

**5** Rhowch y llinyn trwy'r disgiau melyn mwyaf, a'i glymu. Mae'r disgiau hyn fel cyffyrdd, ble mae nerfau o nifer o organau yn cwrdd.

Daliwch y nerfau o'r galon a'r ysgyfaint at ei gilydd â thâp.

**6** Cysylltwch y darnau llinyn sydd ar ôl â'r disgiau melyn mwyaf fel yn y llun. Yna glynwch ddarnau rhydd y llinyn at y disgiau melyn bach a glynu'r rhain yn eu tro at yr asgwrn cefn. Mae'r asgwrn cefn yn amddiffyn terfynau sensitif y nerfau.

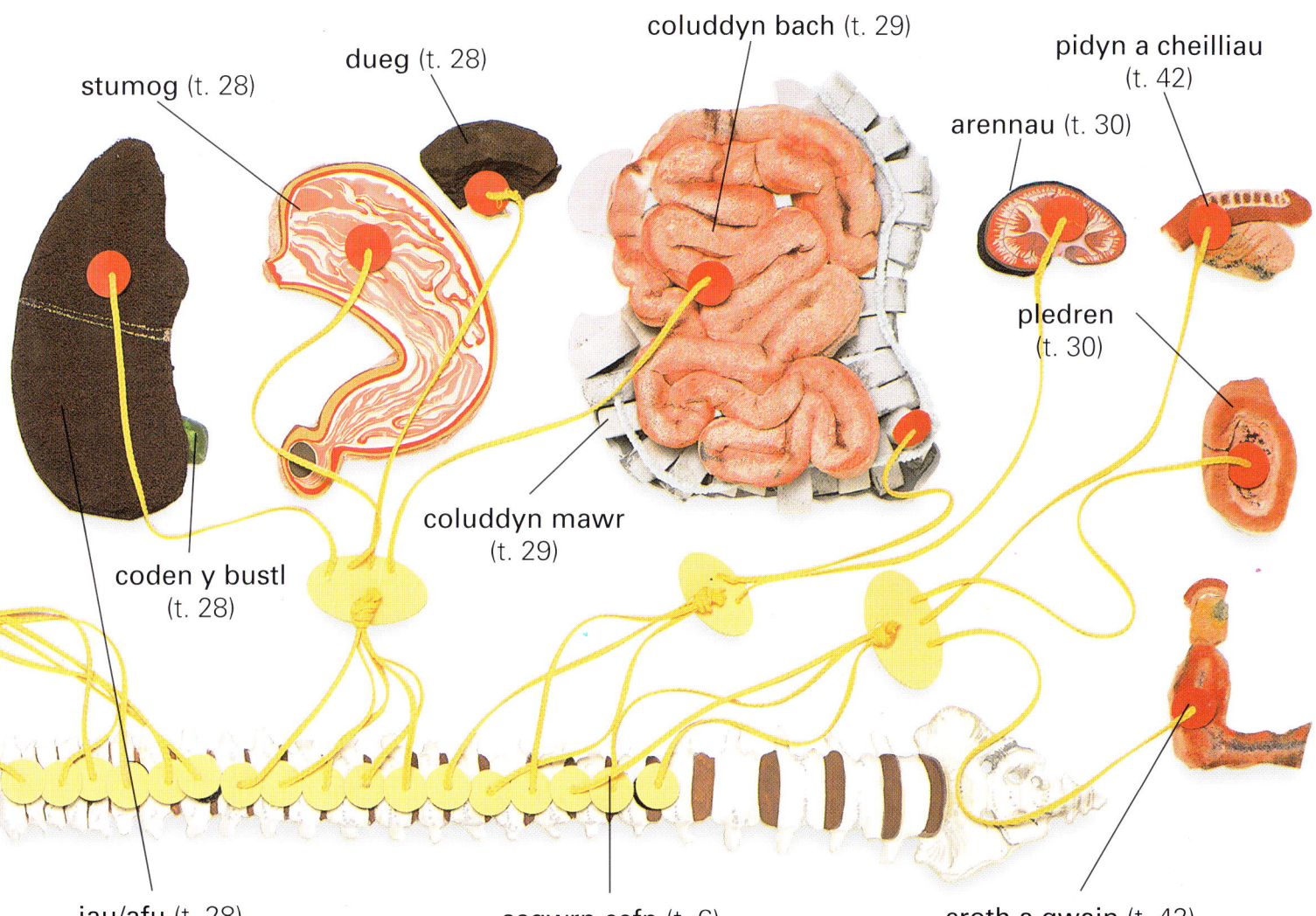

stumog (t. 28)

dueg (t. 28)

coluddyn bach (t. 29)

pidyn a cheilliau (t. 42)

arennau (t. 30)

pledren (t. 30)

coden y bustl (t. 28)

coluddyn mawr (t. 29)

iau/afu (t. 28)

asgwrn cefn (t. 6)

croth a gwain (t. 42)

### Nerfau synhwyro
Mae nerfau'r corff wrthi'n gyson yn anfon negeseuon am y byd y tu allan i'r ymennydd, sydd yna'n anfon ymateb yn ôl. Er enghraifft, os byddwch yn yfed te sy'n rhy boeth, bydd nerfau eich tafod yn anfon neges frys i'r ymennydd. Bydd yr ymennydd wedyn yn anfon neges yn ôl trwy'r system nerfol gan ddweud wrthych am roi'r cwpan i lawr.

*Weithiau mae'r cyhyrau yn gweithio heb i'r ymennydd orfod meddwl am hynny. Gelwir eu symudiadau yn **weithredoedd atgyrch**, sy'n cael eu rheoli gan fadruddyn y cefn ar ei ben ei hun. Rhowch brawf ar un weithred atgyrch. Eisteddwch ar gadair, un goes dros y llall. Gofynnwch i ffrind daro eich coes yn ysgafn yn union o dan y pen-glin. Beth sy'n digwydd i'r goes?*

Mae eich corff yn cynnwys pum litr (bron i naw peint) o waed sy'n cario ocsigen a bwyd wedi'i dreulio i bob rhan o'r corff, ac sydd hefyd yn casglu gwastraff. Y galon sy'n pwmpio gwaed o amgylch y corff. Mae gwaed yn helpu'r corff i wrthsefyll heintiau, ac wrth gario gwres o gwmpas mae hefyd yn eich helpu i reoli pa mor gynnes neu oer ydych chi.

### System gludiant y gwaed

Mae'r edafedd coch a glas yn dangos sut mae'r gwaed yn cael ei gario o amgylch y corff yn y **pibellau gwaed**. Y rhydwelïau (coch) yw priffyrdd y system waed. Maen nhw'n rhannu yn bibellau gwaed llai - y **capilarïau** culion - sy'n rhedeg rhwng celloedd y corff gan gario ocsigen o'r ysgyfaint a bwyd i bob rhan.

Mae gwastraff yn cael ei gario ymaith mewn capilarïau hefyd, sy'n ymuno yn raddol i ffurfio gwythiennau (glas).

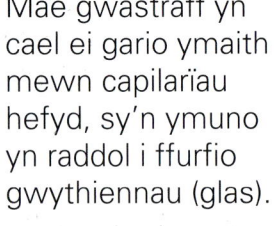

## MAE'N GWEITHIO!

Mae'r model hwn yn dangos beth yw gwaed. Mae'n cynnwys celloedd coch, celloedd gwyn, rhannau bach o gelloedd - **platennau** - a hylif o'r enw **plasma**, y mae'r celloedd gwaed eraill yn arnofio ynddo. Pan ydym ni'n torri'r croen, mae platennau yn amgylchynu'r clwyf gan ffurfio rhwyd fân sy'n ei selio. Yr enw ar y rhwyd hon yw ffibrin.

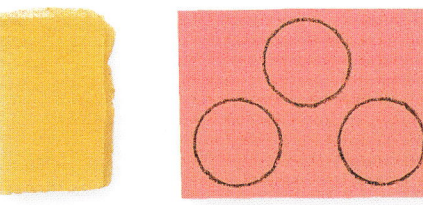

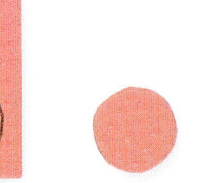

### Bydd arnoch angen

| | |
|---|---|
| glud | 5 pêl tennis bwrdd |
| sbwng | sbwng golchi llestri |
| sgwriwr sosbenni | gwifrau tenau |
| bloc ewynnog | paent coch a melyn |

**1** Peintiwch y bloc ewynnog yn ddu. Torrwch gylchoedd o'r sbwng i wneud platennau. Gwthiwch wifren i bob platen ac yna i'r bloc.

**2** Gwnewch gelloedd coch y gwaed. Torrwch chwe darn siâp toesen o'r sbwng a'u peintio'n goch. Defnyddiwch ddarnau o wifren i'w cysylltu â'r bloc.

**3** Gwnewch gelloedd gwyn y gwaed. Peintiwch y peli tennis bwrdd a'r sgwriwr sosbenni yn felyn. Rhwygwch y sgwriwr yn ddarnau mân. Defnyddiwch dâp i ddal bob pêl wrth ddarn o wifren, a gorchuddiwch nhw â darnau bach o'r sgwriwr. Gwthiwch y gwifrau i'r bloc.

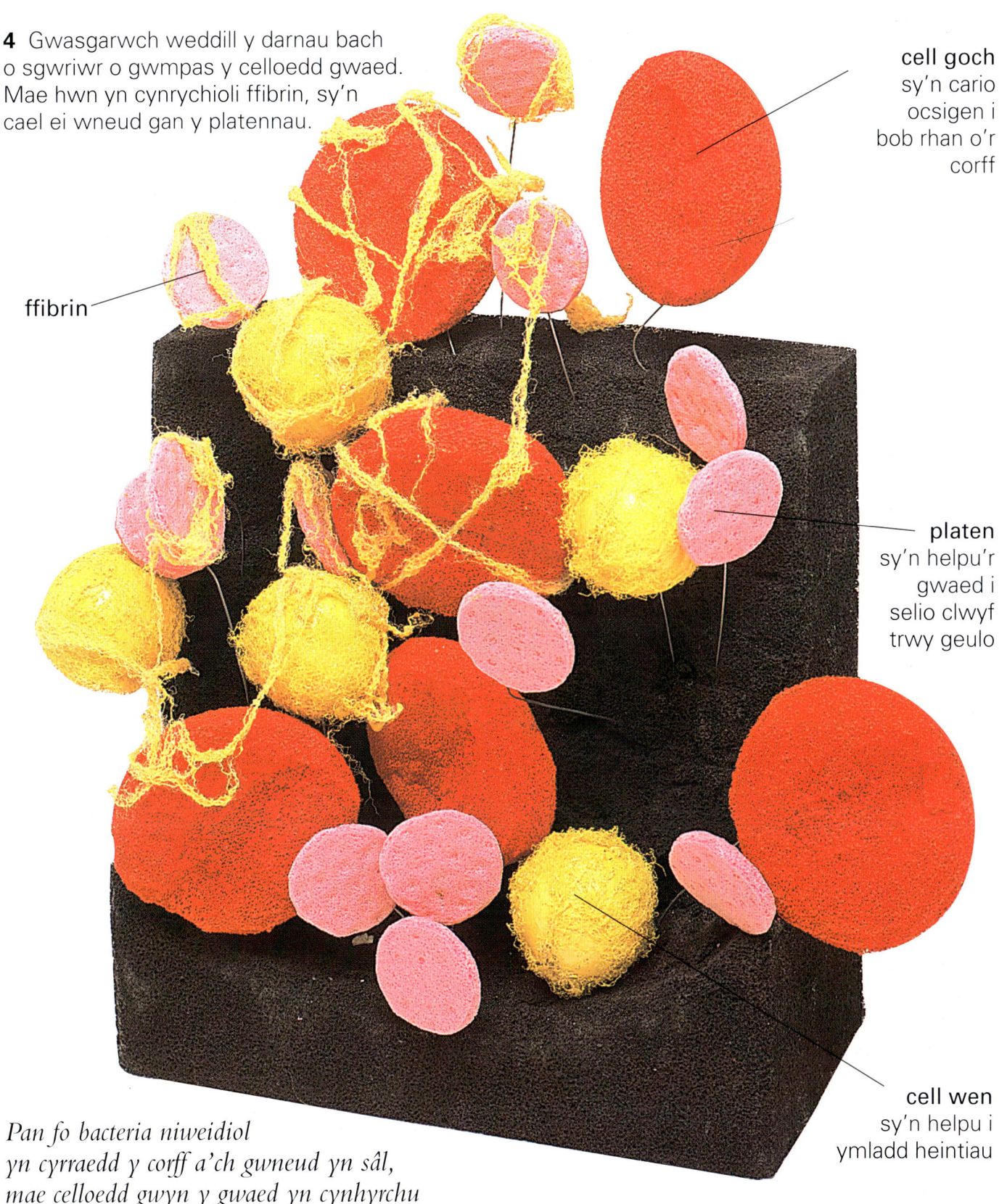

**4** Gwasgarwch weddill y darnau bach o sgwriwr o gwmpas y celloedd gwaed. Mae hwn yn cynrychioli ffibrin, sy'n cael ei wneud gan y platennau.

cell goch
sy'n cario ocsigen i bob rhan o'r corff

ffibrin

platen
sy'n helpu'r gwaed i selio clwyf trwy geulo

cell wen
sy'n helpu i ymladd heintiau

*Pan fo bacteria niweidiol yn cyrraedd y corff a'ch gwneud yn sâl, mae celloedd gwyn y gwaed yn cynhyrchu* **gwrthgyrff**. *Mae'r rhain yn ymosod ar facteria a'u rhwystro rhag lluosogi. Wrth gael pigiad i'ch imiwneiddio, rydych yn derbyn ychydig bach o'r gwenwyn a gynhyrchir gan y bacteria.*

*Yna mae celloedd gwyn y gwaed yn ymateb ar unwaith trwy gynhyrchu gwrthgyrff. Nawr mae eich corff yn barod i ymladd y clefyd go iawn.*

Cyhyr yw eich calon. Ei gwaith yw pwmpio gwaed trwy'r pibellau gwaed o gwmpas y corff. I'ch cadw yn fyw, mae'n rhaid iddi ailadrodd yr un dasg trwy gydol eich bywyd, gan bwmpio oddeutu unwaith bob eiliad. Mae gwaed sy'n cynnwys ocsigen yn cael ei bwmpio trwy ochr chwith y galon i bob rhan o'r corff. Wedi i'r ocsigen gael ei ddefnyddio, mae'r gwaed yn cael ei gasglu a'i anfon yn ôl i ochr dde y galon, ac yna i'r ysgyfaint, yn barod i gael ei lenwi ag ocsigen unwaith eto.

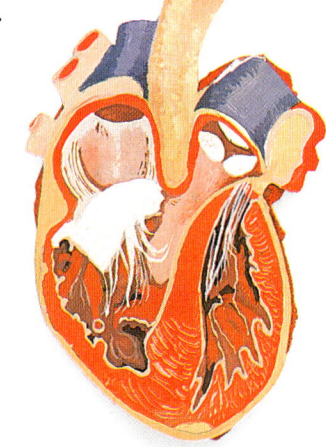

▲ Torrwch ddarnau o sbwng a cherdyn, glynwch nhw at ei gilydd a'u peintio fel yn y llun. Sylwch fod eich model o'r galon wedi'i rannu yn ochr chwith a de, a bod gan y ddwy ochr siambr uchaf a siambr isaf.

## MAE'N GWEITHIO!
Gwnewch fodel sy'n pwmpio i weld sut mae pedair siambr y galon yn gweithio. Dychmygwch pa mor gryf mae'n rhaid i'r cyhyr hwn fod i ailadrodd yr un weithred o leiaf 60 gwaith bob munud!

### Bydd arnoch angen
pedair potel blastig â thopiau sy'n sgriwio
tâp du
dau glip fforchog
clai modelu coch a glas
tâp coch a glas
dau dwmffat plastig
lliwur bwyd coch a glas
dau diwb plastig

**1** Gwnewch dyllau bach yn nhopiau'r poteli. Torrwch ddau ddarn byr o diwb plastig a gwthiwch ddau ben y ddau diwb i'r tyllau yn y topiau. Seliwch o gwmpas y tiwbiau â'r clai modelu coch a glas.

**2** Gwnewch dyllau yng ngwaelod dwy o'r poteli plastig ac yn ochrau'r ddwy arall.

**3** Rhowch ddau ddarn hirach o diwb plastig yn y tyllau yn ochrau'r poteli. Gwnewch yn siŵr fod y tiwbiau bron yn cyrraedd gwaelod y poteli. Seliwch y tyllau hyn hefyd â chlai. Lapiwch dâp coch o gwmpas y tiwb chwith, a thâp glas o gwmpas y tiwb de.

**4** Sgriwiwch y pedwar top yn ôl ar y poteli. Defnyddiwch dâp du i osod y poteli gyda'i gilydd mewn parau, gan wneud yn siŵr fod y rhai â thyllau yn eu gwaelod â'u pen i lawr ar y top.

**5** Lliwiwch ddŵr mewn dau jwg, y naill yn las a'r llall yn goch. Mae gwaed sy'n cynnwys ocsigen yn goch. Mae dŵr glas yn cynrychioli gwaed sydd yn dod yn ôl i'r galon i gasglu rhagor o ocsigen.

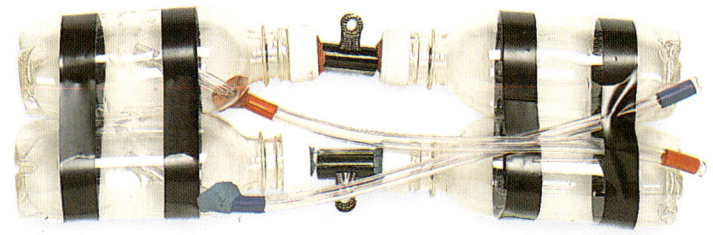

**6** Cysylltwch y ddau glip fforchog â'r tiwbiau sy'n cysylltu'r ddwy botel. Bydd y rhain yn gwneud yr un gwaith â **falfiau'r galon**. Maen nhw fel drysau siglo sy'n agor un ffordd yn unig. Unwaith mae'r gwaed wedi mynd trwy siambr uchaf y galon, mae'r falf yn cau.

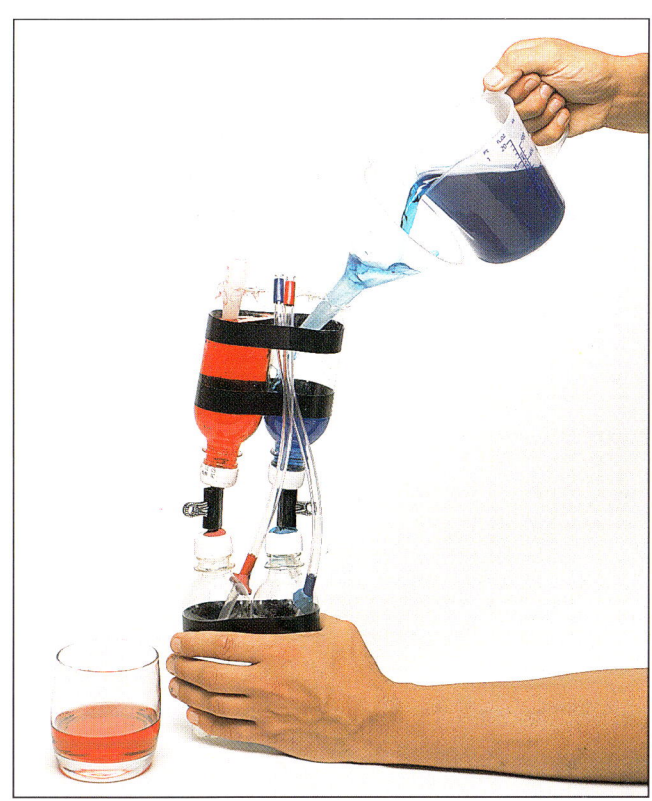

**7** Gan ddefnyddio'r ddau dwmffat, arllwyswch y dŵr coch i'r botel ar yr ochr goch. Yna'r dŵr glas i'r botel ar yr ochr las. Agorwch y clipiau fforchog i adael i'r gwaed lifo trwy'r tiwbiau, ac yna eu cau.

**8** Gwasgwch y poteli isaf. Mae'r weithred hon yn debyg i'r galon yn pwmpio. Sylwch mor gyflym mae'r gwaed yn byrlymu o'r tiwbiau, yn barod i gael ei bwmpio o gwmpas yr holl gorff.

Rhowch brawf ar guriad eich calon eich hun neu galon ffrind. Yn gyntaf, mae'n rhaid i chi allu teimlo'r curiadau yn eich arddwrn, neu ar ochr y gwddf. Pan deimlwch y curiadau o dan eich bysedd, cyfrwch sawl curiad sy'n digwydd mewn munud. Rhowch brawf ar guriad eich calon cyn gwneud ymarfer corff ac ar ôl hynny. Sylwch ar y gwahaniaeth!

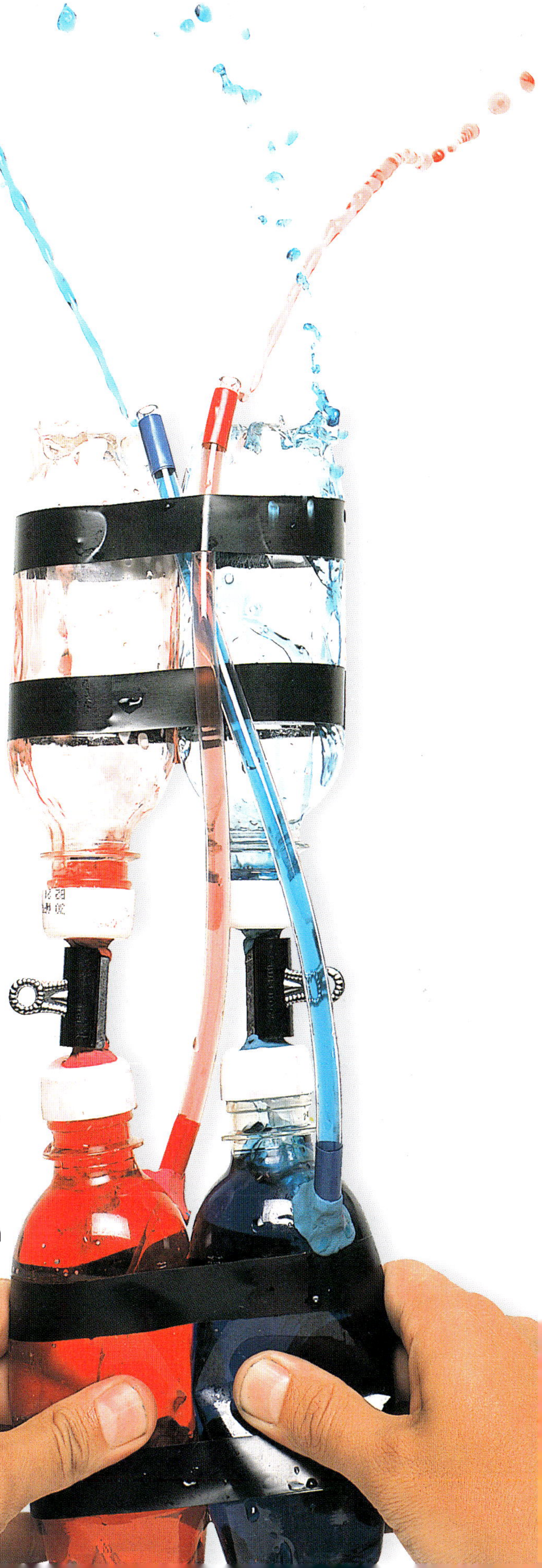

Mae gan eich ysgyfaint waith pwysig iawn i'w wneud – mae'n rhaid iddyn nhw amsugno cymaint â phosibl o ocsigen o'r aer. Mae angen ocsigen a rhywfaint o garbon deuocsid ar bawb i gadw'n fyw. Mae'r corff yn cyfuno ocsigen gyda'r bwyd rydych yn ei fwyta er mwyn rhyddhau egni. Wrth i chi anadlu i mewn, mae aer yn cael ei sugno i'r ysgyfaint. Yna, mae'r ocsigen yn cael ei amsugno ohono i'r gwaed a'i gario o gwmpas yr holl gorff, trwy'r pibellau gwaed.

## MAE'N GWEITHIO!

Wyddech chi fod ysgyfaint oedolyn yn cynnwys tua 5 litr (bron i 9 peint) o aer? Rhowch gynnig ar ddarganfod beth yw cynhwysedd aer eich ysgyfaint (sef faint o aer maen nhw'n gallu ei ddal), trwy wneud yr arbrawf hwn.

### Bydd arnoch angen

| | |
|---|---|
| bowlen fawr | potel blastig |
| jwg mesur | dau welltyn yfed |
| tâp ynysu | |

**1** Llenwch bowlen â dŵr. Torrwch dop y botel blastig. Llenwch y jwg mesur â dŵr. Nodwch sawl litr (neu beint) sydd ynddo.

**2** Arllwyswch y dŵr yma i'r botel. Gan ddefnyddio'r tâp, marciwch raddfa (rhyw 8 – 10 rhan) ar ochr y botel.

**3** Gosodwch gledr eich llaw dros ben agored y botel. Trowch hi'n sydyn â'i phen i lawr a'i gosod yn y bowlen. Pan symudwch eich llaw bydd y dŵr yn aros yn y botel.

**4** Rhowch y ddau welltyn at ei gilydd â thâp. Llithrwch un pen o dan y botel. Anadlwch i mewn yn ddwfn. Chwythwch trwy'r gwelltyn.

**5** Wrth i wasgedd yr aer gynyddu mae'r dŵr yn cael ei wthio o'r botel. Ar y raddfa, mesurwch faint o aer sydd yn rhan uchaf y botel. Dyma gynhwysedd aer eich ysgyfaint. Nawr, rhedwch yn yr unfan am funud, a cheisiwch wneud yr arbrawf eto. Ydy'r ymarfer yn effeithio ar gynhwysedd aer eich ysgyfaint?

*Mae ysgyfaint baban newydd ei eni yn binc. Wrth i chi fynd yn hŷn, mae'r ysgyfaint yn duo wrth orfod anadlu aer wedi'i lygru. Mae'r ysgyfaint yn sensitif iawn i ansawdd yr aer, felly mae'r corff yn ceisio eu diogelu mewn gwahanol ffyrdd. Mae aer sych yn cael ei wlychu gan y mwcws yn y trwyn wrth i chi anadlu i mewn. Os yw'r aer yn rhy oer, mae pibellau gwaed yn y trwyn yn ei gynhesu. Mae blew yn y trwyn yn dal gronynnau llwch a'u tynnu o'r aer cyn iddo gyrraedd yr ysgyfaint.*

# MAE'N GWEITHIO!

Nid cyhyrau yw'r ysgyfaint. Y llengig, cyhyr fflat ar waelod yr asennau, a wal y frest, sy'n symud i wneud i'r ysgyfaint ehangu a llenwi ag aer. Mae'r arbrawf hwn yn dangos sut mae'r llengig yn galluogi'r ysgyfaint i anadlu. Mae'r botel blastig yn cynrychioli'r frest, y gwellryn yw'r gwddf, y balŵn melyn yw'r llengig a'r balŵn glas yw'r ysgyfaint. Wrth i'r llengig ehangu a chywasgu, mae'n chwyddo a chyfangu'r ysgyfaint bob yn ail.

## Bydd arnoch angen

clai modelu
balŵn glas
dau fand elastig
stribed bach o bren
rhan uchaf potel blastig a'i chaead

balŵn melyn
gwelltyn yfed

**1** Torrwch y pren i ffitio lled y botel yn union. Glynwch y pren at y tu mewn i waelod agored y botel.

**2** Rhowch y balŵn melyn dros waelod agored y botel a'i ddal â band elastig.

**3** Gwnewch dwll bychan yng nghaead y botel. Gwthiwch y gwelltyn trwyddo. Rhowch y balŵn glas dros ben arall y gwelltyn a'i ddal yno â band elastig. Seliwch y twll â chlai.

**4** Sgriwiwch y caead yn ei ôl ar y botel gyda'r balŵn glas y tu mewn.

**5** Tynnwch y balŵn melyn tuag i lawr. Mae hyn yn lleihau gwasgedd yr aer y tu mewn i'r botel. Mae mwy o aer yn cael ei sugno trwy'r gwelltyn i lenwi'r lle gwag, ac mae hyn yn chwyddo'r balŵn glas (yr ysgyfaint).

**6** Nawr gwthiwch y balŵn melyn i mewn, gan wneud i'r llengig gywasgu. Mae gwasgedd yr aer y tu mewn i'r botel yn cynyddu ac yn gwthio aer trwy'r gwelltyn. Mae'r balŵn glas yn colli aer. Dyma sy'n digwydd wrth i chi anadlu allan.

▶ Gwnewch bâr o ysgyfaint trwy dorri siapiau sbwng fel y rhain. Peintiwch nhw fel yn y llun. Croestoriad yw'r ysgyfant sydd ar y dde.

◀ Mae aer yn mynd trwy'r holl ganghennau o diwbiau sydd yn yr ysgyfaint. Mae'n cyrraedd codennau aer, sy'n cael eu galw'n **alfeoli**. Dyma lle mae ocsigen yn cael ei drosglwyddo i'r gwaed.

Rydych yn dechrau **treulio** eich bwyd o'r eiliad y mae'n cyrraedd eich ceg. Dyma gychwyn taith hir. Bydd yn cymryd tua dau ddiwrnod i'r bwyd fynd trwy eich system dreulio. Yn ystod y daith hon, bydd eich corff yn trin y bwyd gan dynnu ohono bob un o'r **maethynnau** y mae ei angen ar y corff.

## Bydd arnoch angen

bloc o bolystyren, gwifrau coch, glas a gwyrdd
gwellt coch, glas a gwyrdd
pin ffelt
paent acrylig
ffeil grefft
papur gwydr

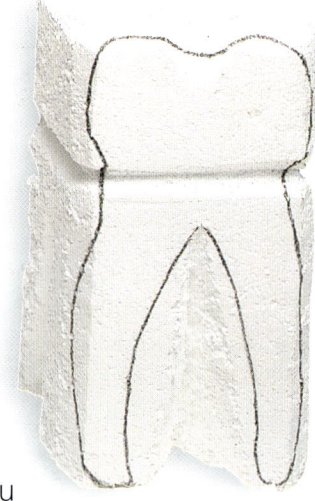

**1** Tynnwch lun siâp y cilddant ar y polystyren. Y cilddannedd yw'r dannedd mawr yng nghefn y geg sy'n cael eu defnyddio i falu'r bwyd.

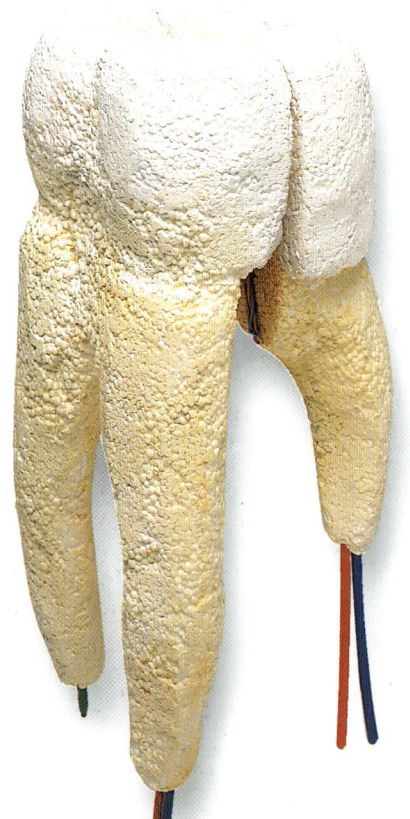

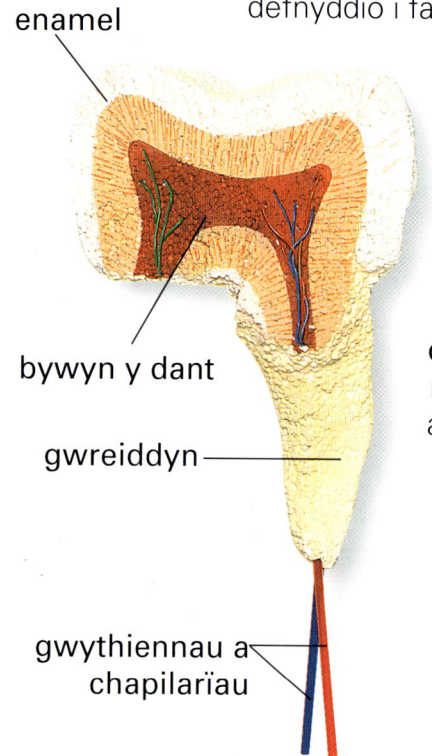

enamel

bywyn y dant

gwreiddyn

gwythiennau a chapilarïau

dentin, math o asgwrn

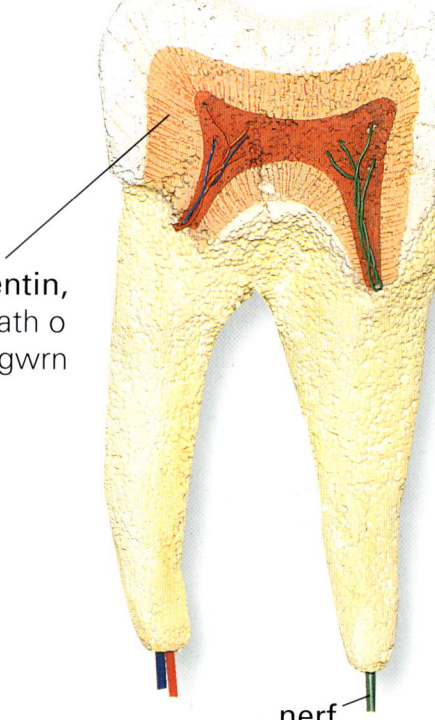

nerf

## MAE'N GWEITHIO!

Eich dannedd sy'n cael eu defnyddio yn rhan gyntaf y treuliad. Nhw sy'n torri'r bwyd sy'n cael ei roi yn y geg. Mae chwarennau o dan y tafod yn gwneud hylif, sef **poer**, sy'n gwlychu'r bwyd ac yn dechrau ei ddadelfennu (ei dorri i lawr). Wedi i chi orffen cnoi'r bwyd, mae'r tafod yn ei symud i gefn y geg. Mewn un llwnc, mae'r bwyd yn cychwyn ar ei daith. Gwnewch fodel o gilddant i weld sut mae'n edrych.

**2** Yn ofalus, cerfiwch y tri gwreiddyn. Tua chwarter y ffordd i lawr y dant, gwnewch siâp pant. Uwchben y pant hwn, sef iefel y deintgig, mae'r dant yn y golwg. Gwnewch siâp pant ar ben y dant hefyd. Llyfnwch y polystyren â'r papur gwydr.

**3** Nawr torrwch y dant yn ei hanner i ddangos y tu mewn. Peintiwch y dant fel yn y llun. Ar y rhan o'r dant sydd yn y golwg mae'r enamel yn wynnach na'r gwraidd sydd yn y deintgig.

**4** Defnyddiwch y gwellt coch a glas sy'n cynrychioli'r capilarïau a'r gwythiennau. Gwthiwch nhw i wraidd y dant. Yna rhowch dro mewn gwifrau coch a glas a'u gosod yn y bywyn. Dyma ganol meddal y dant.

**5** Gwnewch yr un peth â'r gwelltyn a'r wifren werdd. Mae'r rhain yn cynrychioli nerf y dant. Os yw enamel y dant yn pydru, mae'r nerf yn dod i'r golwg. Dyma sy'n achosi'r ddannoedd.

*Mae bodau dynol yn bwyta cig yn ogystal â llysiau, felly mae gennym ddannedd sy'n addas i'r ddau fath o fwyd. Yn rhan uchaf y geg mae gennym ddannedd miniog ar gyfer rhwygo a thorri cig. Mae'r dannedd mawr yn y cefn yn cael eu defnyddio i dorri llysiau. Dim ond dannedd mawr tebyg i'r rhain sydd gan anifeiliaid fel gwartheg oherwydd dim ond gwair maen nhw'n ei fwyta.*

**MAE'N GWEITHIO!**
Gwnewch y model hwn o'r pen i weld sut mae tu mewn y trwyn, y geg a'r gwddf yn edrych. Defnyddiwch y labeli i'ch helpu i adnabod pob rhan.

*Weithiau mae'r bwyd 'yn mynd i lawr y ffordd anghywir'. Mae hyn yn golygu bod bwyd yn cyrraedd y bibell wynt. Pan fo hyn yn digwydd, rydych yn dechrau tagu. Mae aer yn rhuthro'n gyflym i fyny'r bibell wynt er mwyn gwthio'r bwyd yn ôl i'r geg.*

*Mae bacteria yn byw yn y geg oherwydd ei bod yn lle tywyll, cynnes a gwlyb. Maen nhw'n bwydo ar siwgr yn y bwyd ac yn cynhyrchu asidau sy'n ddrwg i'r dannedd.*

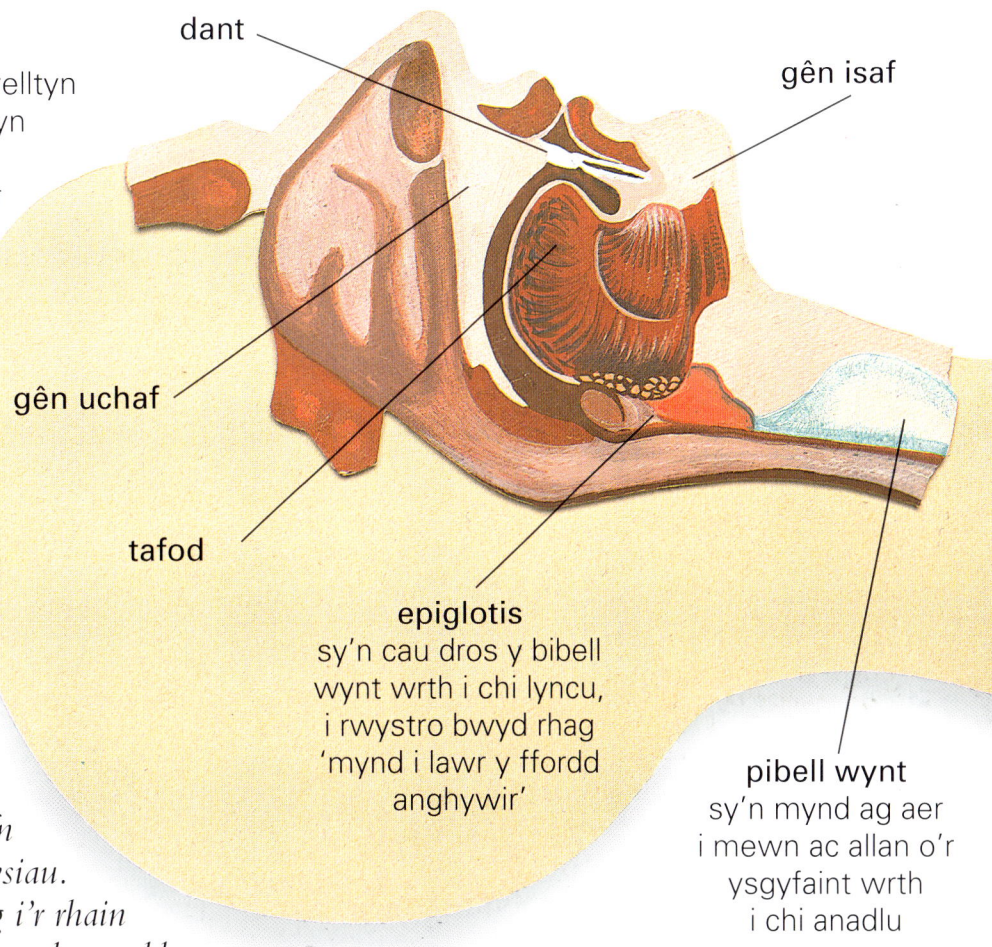

dant

gên isaf

gên uchaf

tafod

**epiglotis**
sy'n cau dros y bibell wynt wrth i chi lyncu, i rwystro bwyd rhag 'mynd i lawr y ffordd anghywir'

**pibell wynt**
sy'n mynd ag aer i mewn ac allan o'r ysgyfaint wrth i chi anadlu

*Mae'n bwysig iawn eich bod yn brwsio eich dannedd mor aml â phosibl oherwydd dyma'r unig ffordd i ymladd y germau sy'n cuddio rhyngddyn nhw.*

**Bwyta'n iach**
Bwyd a diod sy'n rhoi y pethau mae eu hangen ar y corff i gadw'n iach. Mae diet cytbwys yn cynnwys fitaminau a mwynau pwysig. Mae proteinau sy'n eich helpu i dyfu mewn cig, pysgod, wyau, llaeth a chaws. Mae carbohydradau sy'n rhoi egni i chi mewn bara, siwgr a thatws. Nid yw'r ffibr sydd mewn ffrwythau, llysiau a grawn cyflawn yn hawdd ei ddadelfennu. Mae'n helpu'r system dreulio i weithio'n iawn ac wedyn yn dod o'r corff fel gwastraff.

## MAE'N GWEITHIO!

Gwnewch fodel maint llawn o'r system dreulio. Fe welwch nad yw bwyta ond y cam cyntaf yn holl waith caled y corff.

I ddal yr organau fydd yn gorgyffwrdd ar eich model, torrwch sgwariau bach o sbwng a'u peintio'n binc. Cofiwch nad oes gan eich corff y rhain!

**1** Peintiwch gerdyn i fod yn sylfaen i'r system dreulio.

**2** Torrwch siapiau sbwng i gynrychioli'r iau, y ddueg a'r stumog. Peintiwch nhw.

### oesoffagws

y bibell sy'n arwain o'r geg i'r stumog; mae cyhyrau'n symud i wthio bwyd i lawr trwyddo

### stumog

mae'n cynhyrchu suddion treulio sy'n arllwys dros y bwyd gan ddechrau dadelfennu'r protein; mae bwyd yn aros yn y stumog am tua dwy awr

### iau/afu

mae'n derbyn maethynnau o'r gwaed, yn storio rhai ohonyn nhw ac anfon y gweddill ymlaen. Mae hefyd yn hidlo unrhyw wenwyn ac yn defnyddio egni o fwyd i dwymo'r gwaed

### coden y bustl (o dan yr iau)

mae'n storio bustl, sy'n helpu i ddadelfennu braster a'i newid yn gemegion sy'n addas i'w hamsugno trwy wal y coluddyn

### dueg

mae'n helpu i ymladd heintiau, yn storio gwaed ac yn symud hen gelloedd coch o'r gwaed

### Bydd arnoch angen

sbwng neu ewyn
ynysydd pibell
clai modelu
pin ffelt
paent acrylig
gwifren werdd
felcro
cerdyn

**3** Gwnewch gôn o'r clai modelu ar gyfer coden y bustl, a'i beintio'n wyrdd. Gwthiwch y ddwy wifren werdd i gopa'r côn a chysylltu'r ddau ben arall â'r iau.

**4** Torrwch gerdyn llwyd i wneud sylfaen i'r coluddyn bach. Rhowch wifren trwy stribed hir o sbwng. Plygwch ef i siâp, ei beintio'n binc a'i lynu i'w le.

**5** Ar gyfer y coluddyn mawr, torrwch yr ynysydd pibell yn ei hanner ar ei hyd, yna'n dafelli a glynu'r darnau siâp U o gwmpas y coluddyn bach.

**6** Defnyddiwch stribedi felcro i lynu'r organau ar y corff.

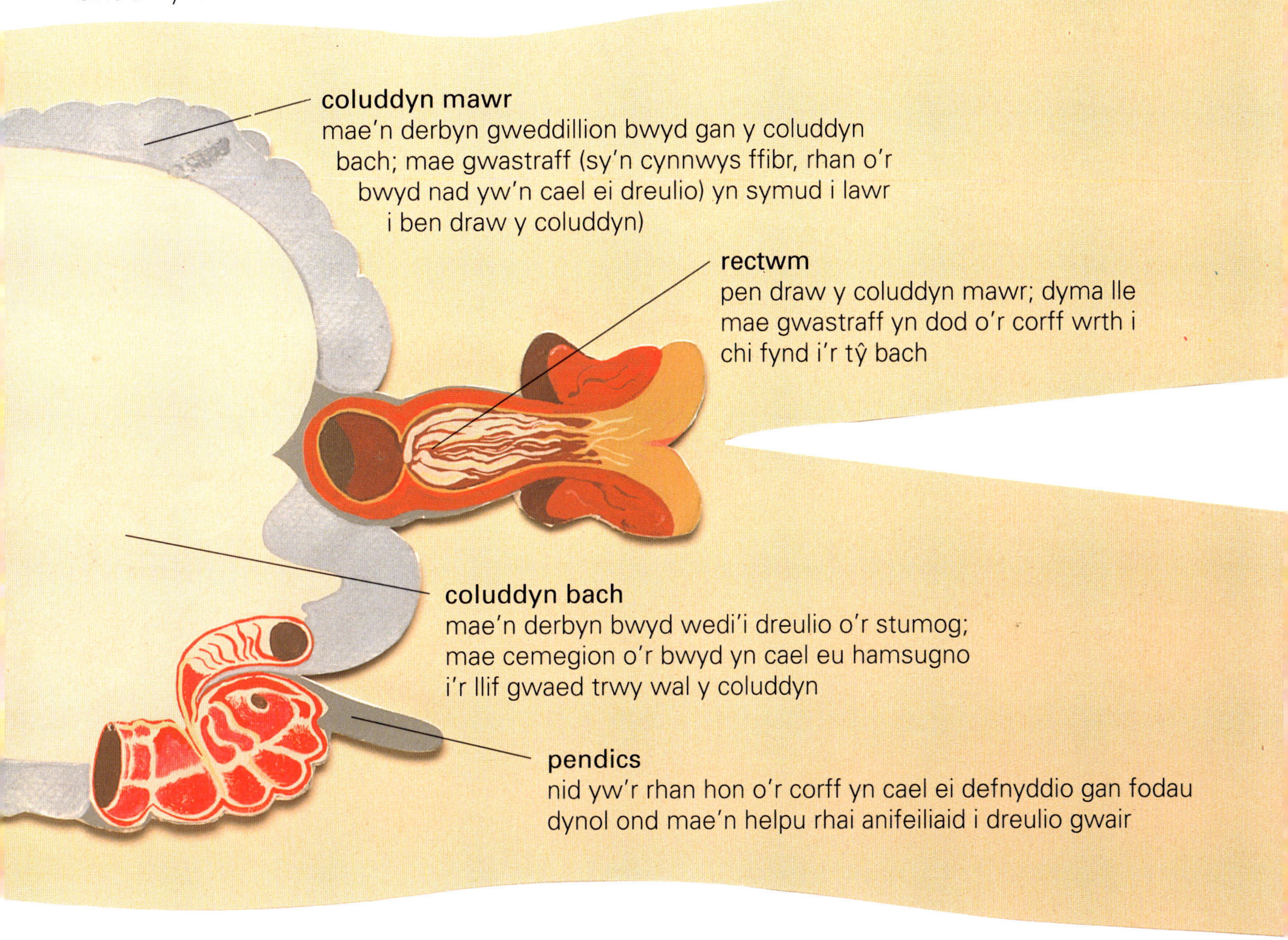

**coluddyn mawr**
mae'n derbyn gweddillion bwyd gan y coluddyn bach; mae gwastraff (sy'n cynnwys ffibr, rhan o'r bwyd nad yw'n cael ei dreulio) yn symud i lawr i ben draw y coluddyn)

**rectwm**
pen draw y coluddyn mawr; dyma lle mae gwastraff yn dod o'r corff wrth i chi fynd i'r tŷ bach

**coluddyn bach**
mae'n derbyn bwyd wedi'i dreulio o'r stumog; mae cemegion o'r bwyd yn cael eu hamsugno i'r llif gwaed trwy wal y coluddyn

**pendics**
nid yw'r rhan hon o'r corff yn cael ei defnyddio gan fodau dynol ond mae'n helpu rhai anifeiliaid i dreulio gwair

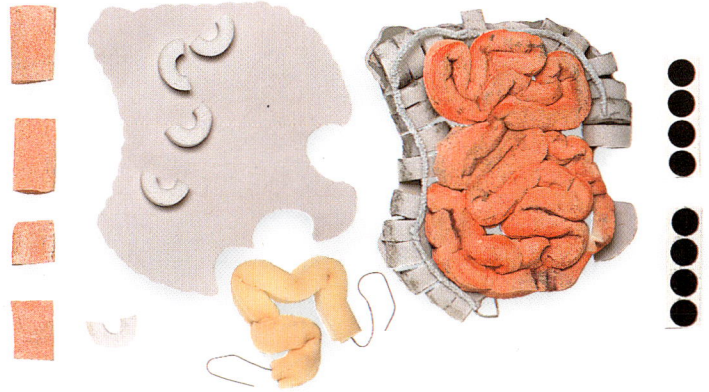

*Os bydd rhywun yn bwyta gormod o fwyd, neu fwyd sy'n ddrwg, mae gan y corff ffordd effeithiol iawn o gael gwared ohono! Mae cyhyrau wal y stumog yn gwasgu i mewn ac yn gorfodi'r bwyd yn ôl i fyny i'r oesoffagws ac allan o'r corff. Dyna beth yw chwydu.*

Mae'n rhaid i'r corff gael dŵr. Dŵr yw saith deg y cant o bwysau'r corff. Dŵr sy'n cario cemegion pwysig, er enghraifft maethynnau, yn ogystal â gwres, o amgylch y corff. Rydym hefyd yn ei amsugno wrth fwyta, yfed ac anadlu. Mae'n cael ei anfon allan o'r corff wrth i ni chwysu a mynd i'r tŷ bach.

aren

wreter
tiwbiau'n cario wrin
o'r arennau i'r
bledren

pledren

Mae'r arennau yn gwneud gwaith da iawn yn hidlo dŵr diangen a gwastraff o'r gwaed. O'r rhain maen nhw'n cynhyrchu **wrin**, hylif sy'n golchi gwastraff allan o'r corff. Mae'r arennau'n trin 150 litr (33 galwyn) o ddŵr bob dydd.

## MAE'N GWEITHIO!

Gwnewch fodel o'r system buro. Mae'n cynnwys yr arennau, sef dau organ bach siâp ffeuen sydd y tu cefn i'ch gwasg. Mae tiwbiau yn eu cysylltu â'r bledren, lle mae wrin yn cael ei storio.

### Bydd arnoch angen

gwifren las a choch
sbwng neu ewyn
glanhawyr pibell
cerdyn

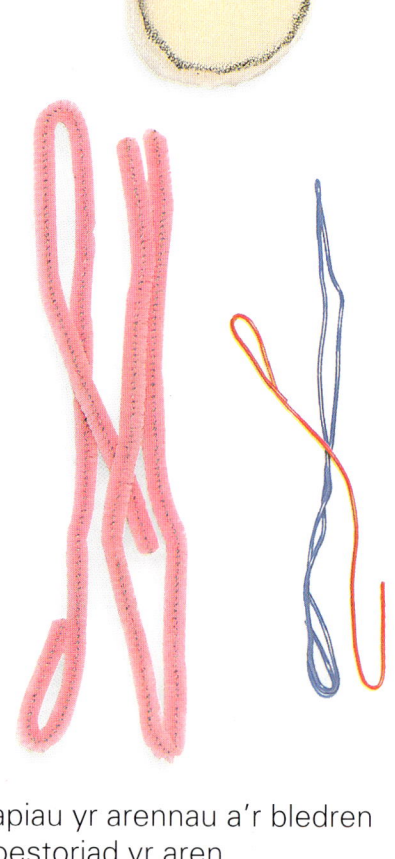

nerfau

pibellau
gwaed

**1** Torrwch siapiau yr arennau a'r bledren o sbwng, a siâp croestoriad yr aren o gerdyn. Peintiwch nhw fel yn y llun.

**2** Torrwch bibellau gwaed o gerdyn a'u peintio yn las a choch. Y rhain sy'n cario gwaed i'r arennau.

**3** Cysylltwch y gwifrau coch a glas â'r glanhawyr pibell fel yn y llun. Y gwifrau yw'r nerfau sy'n arwain i'r bledren ac ohoni. Y glanhawyr pibell yw'r tiwbiau sy'n cario'r wrin.

## MAE'N GWEITHIO!

Pan fo gwaed yn symud trwy'r arennau, maen nhw'n gweithio fel rhidyllau, yn hidlo gwastraff a phuro'r gwaed. Gallwch weld sut mae hynny yn digwydd trwy wneud yr arbrawf hidlo syml yma.

### Bydd arnoch angen

| | |
|---|---|
| darnau o bolystyren | gwydryn yfed |
| tri stribed o bren | rhwyd fân |
| lliwur bwyd | jwg |
| potel blastig | tâp |
| tywod neu bridd | |

**1** Gofynnwch i oedolyn eich helpu i dorri tri darn o'r botel.

**2** Torrwch ddeg cylch o'r rhwyd – dylen nhw fod ychydig yn fwy na'r darnau potel.

**3** Gwnewch dair hidlen trwy osod rhwydi dros y darnau potel â thâp. Gwnewch un hidlen ag un darn o rwyd yn unig, yr ail â thri darn o rwyd, a'r drydedd â chwe darn o rwyd.

**4** Glynwch y tri stribed pren ar ochr yr hidlenni, fel yn y llun, er mwyn iddyn nhw sefyll.

**5** Llenwch jwg â dŵr. Yna ychwanegwch y lliwur bwyd (sy'n cynnwys gronynnau mân iawn), tywod neu bridd, a darnau o bolystyren. Mae'r rhain yn cynrychioli'r gwahanol fathau o wastraff sydd yn y gwaed pan fo'n cyrraedd yr arennau.

**6** Arllwyswch y dŵr trwy'r hidlenni i gael gweld beth sy'n digwydd. Bydd popeth ar wahân i'r gronynnau mân yn y lliwur bwyd yn cael ei ddal gan yr hidlenni.

*Weithiau, oherwydd damwain neu salwch, nid yw'r arennau yn gallu glanhau'r gwaed. Mae peiriant arbennig ar gael i wneud y gwaith. Mae'r gwaed yn cael ei gymryd o rydweli yn y fraich a'i anfon trwy'r peiriant, sy'n ei lanhau a'i anfon yn ôl i'r corff. Yr enw ar hyn yw dialysis. Rhaid i'r gwaed gael ei anfon trwy'r peiriant 20 gwaith cyn y bydd wedi'i lanhau yn iawn. Rhaid i gleifion dreulio dau gyfnod 12 awr ar y peiriant bob wythnos.*

Yr ymennydd yw canolfan reoli y corff. Mae'n rheoli pob symudiad a gweithred. Mae'n gyfrifol am bob syniad, atgof ac emosiwn.

Er ei fod yn eithaf bach, mae'r ymennydd yn cynnwys dros 100,000 o gelloedd nerfol. Mae'n defnyddio un rhan o bump o egni'r corff, felly mae arno angen cyflenwad cyson o ocsigen.

**1** Gofynnwch i oedolyn eich helpu i dorri'r bêl blastig fel ei bod yn gap corun sy'n eich ffitio'n dda. Dyma'r cortecs, neu haen allanol yr ymennydd.

**2** Torrwch y siapiau hyn o bapur gwahanol liw (mae cyngor ar dudalen 8). Maen nhw'n cynrychioli y gwahanol rannau o'r corff sy'n cael eu rheoli gan yr ymennydd.

### MAE'N GWEITHIO!
Mae pob rhan o'r ymennydd yn gofalu am weithrediad gwahanol gan y corff. Gwnewch gap corun i ddangos pa rannau o'r ymennydd sy'n rheoli pa weithrediadau.

### Bydd arnoch angen
glud

glanhawyr pibell

hanner pêl blastig

papur lliw

ffasnyddion papur

**3** Plygwch y glanhawyr pibell yn eu hanner a'u troi. Glynwch un o'r siapiau ar y pen sydd wedi plygu.

**4** Gwnewch wyth twll yn y bêl, gan ddilyn y llun gyferbyn. Gwthiwch waelod pob glanhawr pibell trwy'r twll cywir a phlygu'r pen i'w ddal yn ei le. Gwisgwch eich cap corun i weld yn union sut mae eich meddwl yn gweithio!

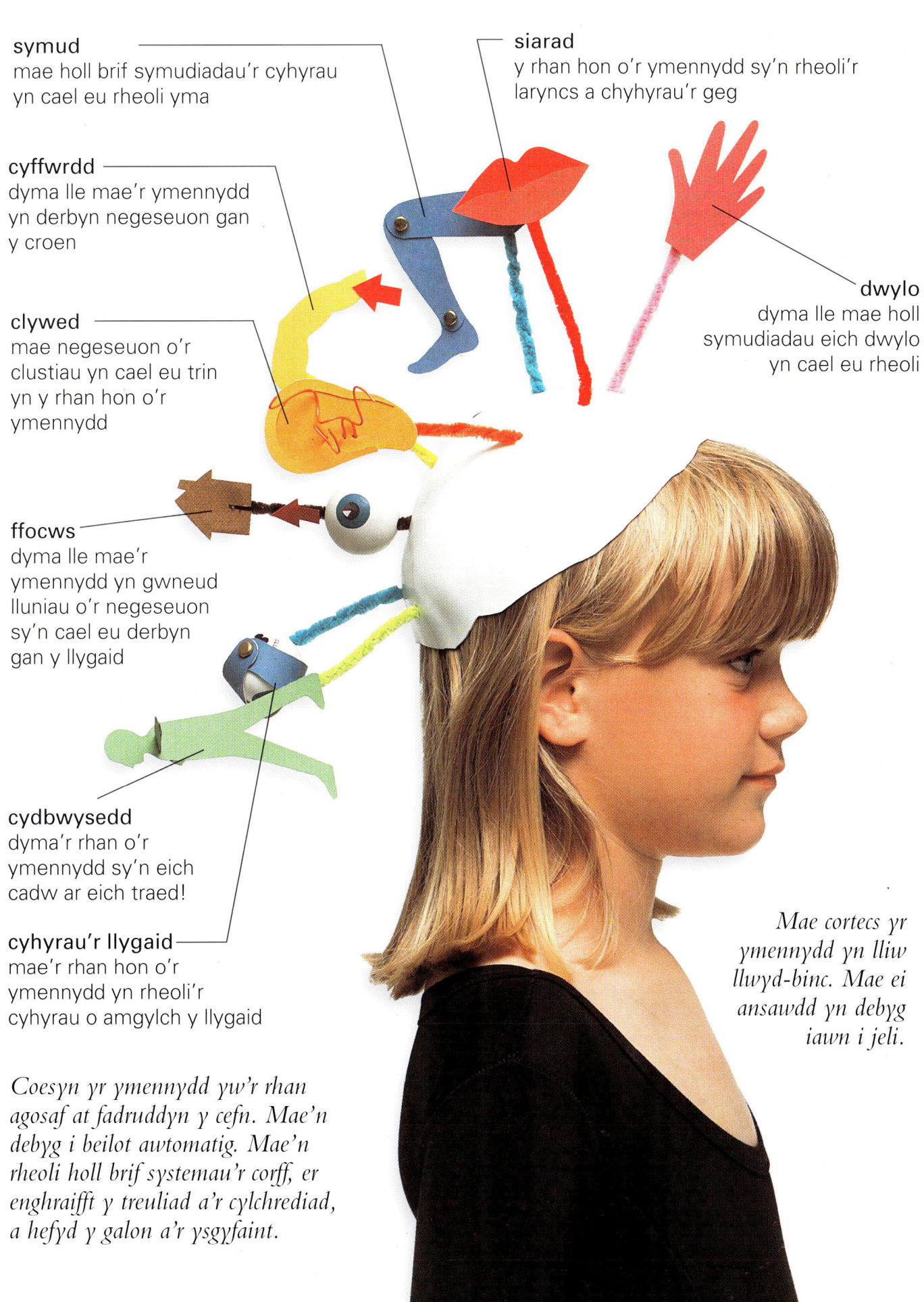

**symud**
mae holl brif symudiadau'r cyhyrau yn cael eu rheoli yma

**siarad**
y rhan hon o'r ymennydd sy'n rheoli'r laryncs a chyhyrau'r geg

**cyffwrdd**
dyma lle mae'r ymennydd yn derbyn negeseuon gan y croen

**dwylo**
dyma lle mae holl symudiadau eich dwylo yn cael eu rheoli

**clywed**
mae negeseuon o'r clustiau yn cael eu trin yn y rhan hon o'r ymennydd

**ffocws**
dyma lle mae'r ymennydd yn gwneud lluniau o'r negeseuon sy'n cael eu derbyn gan y llygaid

**cydbwysedd**
dyma'r rhan o'r ymennydd sy'n eich cadw ar eich traed!

**cyhyrau'r llygaid**
mae'r rhan hon o'r ymennydd yn rheoli'r cyhyrau o amgylch y llygaid

*Mae cortecs yr ymennydd yn lliw llwyd-binc. Mae ei ansawdd yn debyg iawn i jeli.*

*Coesyn yr ymennydd yw'r rhan agosaf at fadruddyn y cefn. Mae'n debyg i beilot awtomatig. Mae'n rheoli holl brif systemau'r corff, er enghraifft y treuliad a'r cylchrediad, a hefyd y galon a'r ysgyfaint.*

Mae popeth a wyddom am y byd wedi'i storio yn yr ymennydd. Wrth i ni dyfu, mae'r ymennydd yn prosesu popeth sy'n digwydd i ni. Mae llawer o bethau yn cael eu storio yn y cof tymor byr, a byddwn yn anghofio'r rhain yn gyflym. Er enghraifft, bydd eich cof am y lluniau yn y llyfr hwn yn lleihau. Ond byddwch yn cofio profiadau eraill am gyfnod llawer hirach am eu bod wedi'u storio yn eich cof tymor hir. Mae popeth rydych yn ei gofio yn eich helpu i ddysgu.

### MAE'N GWEITHIO!

Mae'r ymennydd yn ein helpu i ddeall beth rydyn ni'n ei weld trwy gofio pethau a welson ni o'r blaen. Ond weithiau mae'n cael ei dwyllo. Dyna pryd mae 'rhith optegol' yn cael ei weld. Gwnewch y rhithiau hyn i ddrysu eich ffrindiau!

### Bydd arnoch angen

cerdyn du a cherdyn lliw tenau   siswrn
pin ffelt   pren mesur

▲ Copïwch yr amlinelliad o wyneb sydd ar y chwith. Torrwch y siâp o ddwy ymyl y papur lliw a'u gosod ar gefndir du. Beth welwch chi? Yn ogystal â dau berson yn edrych ar ei gilydd, welwch chi siâp canhwyllbren yn y canol?

▲ Gan ddefnyddio pren mesur, torrwch ddau stribed syth o gerdyn lliw tywyll. Tynnwch lun patrwm o linellau syth ar gerdyn golau a gosod y stribedi tywyll drosto fel yn y llun. Ydy'r llinellau tywyll yn edrych yn syth? Mae'r patrwm o linellau syth oddi tanyn nhw wedi twyllo'r ymennydd, gan wneud i'r llinellau tywyll edrych yn grwm.

▲ Torrwch ddau siâp saeth syml o gerdyn golau, fel yn y llun. Gwnewch yn siŵr fod y llinellau canol yr un hyd. Fe welwch fod blaenau'r saethau yn achosi rhith optegol gan wneud i'r llinellau canol edrych yn fyrrach a hirach nag ydyn nhw mewn gwirionedd.

▶ Torrwch y siâp hwn o gerdyn lliw. Ai hwyaden ynteu gwningen sydd yma? Dim ond un ddelwedd mae'r ymennydd yn gallu ei gweld ar y tro.

## MAE'N GWEITHIO!

Gêm gofio yw hon, sy'n rhoi prawf ar eich cof amser byr. Rhowch gynnig ar ei chwarae gyda ffrind i weld faint o bethau y gallwch eu cofio. Allwch chi feddwl am ffordd i helpu eich ymennydd i gofio'r gwahanol bethau yn well?

### Bydd arnoch angen

pethau cyffredin bob-dydd      papur a phensil
hambwrdd neu ddrôr
lliain

**2** Dangoswch yr hambwrdd i ffrind. Gofynnwch i'ch ffrind edrych ar y pethau am tua munud a cheisio eu cofio. Yna gorchuddiwch yr hambwrdd â'r lliain.

**3** Rhowch funud neu ddau i'ch ffrind gael meddwl. Yna gofynnwch faint o'r pethau mae'n gallu eu cofio. Cofnodwch nhw a'u gwirio. Wedyn newidiwch le. Gofynnwch i'ch ffrind gasglu set newydd o bethau a gweld faint ohonyn nhw y gallwch chi eu cofio.

**1** Dewiswch tua 20 o bethau bach gwahanol sydd i'w cael yn y tŷ. Ceisiwch wneud yn siŵr nad oes cysylltiad rhyngddyn nhw (er enghraifft, peidiwch â dewis pethau sydd i gyd yn ymwneud â'r ysgol). Gosodwch nhw i gyd yn drefnus ar yr hambwrdd.

### Ffyrdd o gofio

Mae eich ymennydd yn gweithio'n well os gallwch drefnu'r pethau rydych chi'n ceisio eu cofio. Rhai ffyrdd o wneud hyn yw eu gosod yn nhrefn yr wyddor, eu trefnu yn ôl lliw, neu hyd yn oed lunio stori amdanyn nhw. Efallai y sylwch fod yr ymennydd yn gweithio'n well mewn lluniau. Gallwch ddewis nifer o bethau gwahanol a ffurfio llun ohonyn nhw yn eich pen. Rhowch gynnig ar y gêm gofio gan ddefnyddio'r ffyrdd hyn i weld a yw eich sgôr yn gwella.

*Y nifer mwyaf o bethau y mae'r rhan fwyaf o bobl yn gallu eu cofio yw naw. Dyna pam nad yw rhifau ffôn byth yn cynnwys mwy na saith rhif. Pe bydden nhw'n fwy, fyddai neb yn gallu eu cofio!*

Mae gennym bum prif synnwyr – gweld, clywed, cyffwrdd, arogli a blasu. Maen nhw'n anfon negeseuon pwysig i'r ymennydd am y byd o'n cwmpas. Y llygaid yw'r organau synhwyro sy'n derbyn gwybodaeth ar ffurf pelydrau goleuni sy'n cael eu taflu oddi ar bopeth. Mae'r llygaid yn newid y pelydrau hyn yn negeseuon y mae'r ymennydd yn gallu eu deall.

Siâp pêl sydd i'r llygad ac mae'n cynnwys hylif tebyg i jeli. Mae ganddi orchudd clir (y cornbilen) ar ei blaen. Yr enw ar ran lliw y llygad yw'r iris ac mae gan hwn dwll bychan yn ei ganol (cannwyll y llygad). Trwy hwn mae'r goleuni yn dod i mewn. Y tu ôl i'r gannwyll mae'r lens sy'n cyfeirio (ffocysu) y goleuni ar y retina, leinin arbennig yng nghefn y llygad. Y retina sy'n newid y pelydrau goleuni yn negeseuon sy'n cael eu hanfon ar hyd y nerf optig i'r ymennydd.

### MAE'N GWEITHIO!
Gwnewch y model hwn i gael gweld mai'r llygaid yw ffenestri'r corff!

## Bydd arnoch angen

| | |
|---|---|
| gwifren goch a glas | tortsh |
| chwyddwydr | cerdyn tenau |
| hen bêl blastig | tâp gludiog |
| hoelbrennau trwchus a thenau | paent acrylig |
| potel blastig glir | cerdyn rhychiog |

**1** Gofynnwch i oedolyn eich helpu i dorri'r bêl yn ei hanner, torri'r gwaelod fflat o'r botel blastig a hollti darnau byr o hoelbrennau trwchus a thenau yn eu hanner ar eu hyd â chyllell finiog neu lif.

**2** Peintiwch y tu mewn i un hanner y bêl yn goch, ac yna wythiennau glas a choch goleuach arni. Hwn fydd y retina.

**3** Torrwch siapiau cerdyn a'u peintio fel yn y llun. Glynwch nhw at ei gilydd, gan osod y cyhyrau coch ar y top a'r gwaelod. Gosodwch y siapiau cerdyn o gwmpas ochr y bêl â thâp.

**4** Trowch y gwifrau coch a glas o gwmpas ei gilydd a glynu un pen y tu mewn i'r bêl, fel yn y llun. Glynwch yr hoelbrennau at ei gilydd, eu peintio a'u glynu i'w lle ar y cerdyn. Dyma'r nerf optig, sy'n cysylltu'r llygad â'r ymennydd.

**5** Gosodwch y chwyddwydr a'r gwaelod potel yn eu lle yn y cerdyn, fel yn y llun. Dyma'r lens a'r cornbilen.

*Cannwyll y llygad sy'n rheoli faint o oleuni sy'n mynd i mewn i'r llygad. Edrychwch arnoch eich hun yn y drych mewn ystafell sydd heb lawer o olau ynddi. Bydd canhwyllau eich llygaid, y smotiau du yn y canol, yn eithaf mawr. Mae hyn yn gadael cymaint o oleuni â phosibl i mewn i'r llygaid er mwyn i chi allu gweld yr ystafell.*

*Nawr, cyneuwch y golau a sylwch mor gyflym mae'r canhwyllau yn ymateb i'r goleuni trwy fynd yn llai.*

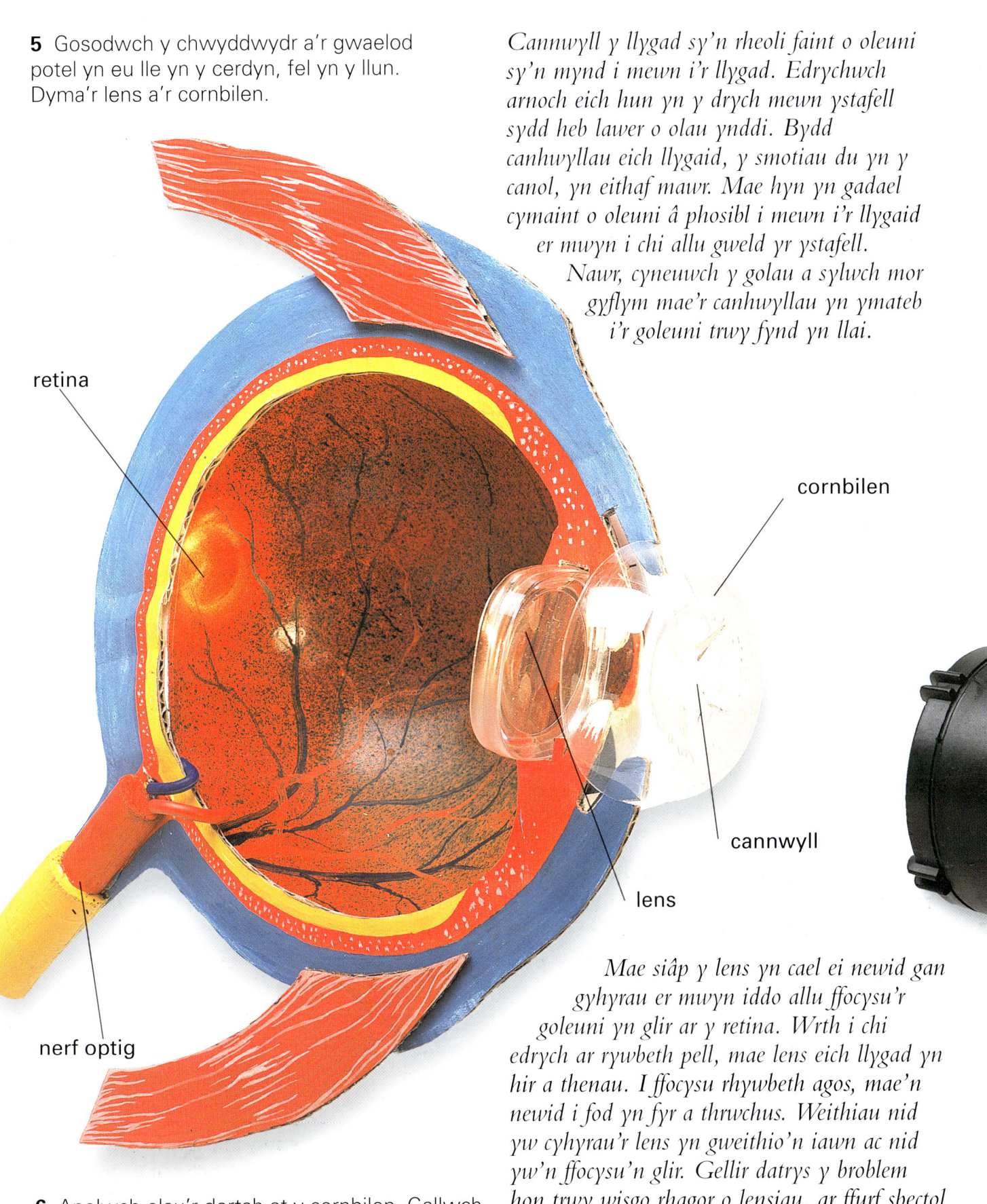

retina

cornbilen

cannwyll

lens

nerf optig

**6** Anelwch olau'r dortsh at y cornbilen. Gallwch weld sut mae'r lens yn ffocysu'r goleuni ar y retina.

*Mae siâp y lens yn cael ei newid gan gyhyrau er mwyn iddo allu ffocysu'r goleuni yn glir ar y retina. Wrth i chi edrych ar rywbeth pell, mae lens eich llygad yn hir a thenau. I ffocysu rhywbeth agos, mae'n newid i fod yn fyr a thrwchus. Weithiau nid yw cyhyrau'r lens yn gweithio'n iawn ac nid yw'n ffocysu'n glir. Gellir datrys y broblem hon trwy wisgo rhagor o lensiau, ar ffurf sbectol neu lensiau cyffwrdd.*

Mae eich synnwyr arogli yn eich helpu i adnabod pethau o bell, tra bo'r synnwyr blasu yn adnabod y blasau gwahanol mewn bwyd a diod. Gallwch ddefnyddio'r ddau synnwyr hyn i wneud yn siŵr fod bwyd yn ddiogel i'w fwyta. Ar eich tafod mae blasbwyntiau sy'n rhoi gwybod i chi pa mor hallt, melys, sur neu chwerw yw'r bwyd wedi iddo gael ei gymysgu â phoer. Yn y trwyn mae blew bach sy'n synhwyro arogleuon yn yr aer a rhoi gwybodaeth i chi am flas eich bwyd. Pan fydd eich trwyn wedi blocio, byddwch fel arfer yn colli'r rhan fwyaf o'ch synnwyr blasu.

▼ Rhowch fwgwd dros lygaid eich ffrind. Yna rhowch ychydig ddiferion o bob hylif yn ei dro ar dafod eich ffrind, i brofi a yw'n gallu dweud pa un sy'n chwerw, melys, sur neu hallt. Cofnodwch yr atebion.

Mae rhannau arbennig o'r tafod yn fwy sensitif i rai bwydydd nag eraill, oherwydd bod gwahanol flasbwyntiau yn adnabod gwahanol flasau. Ar y cyfan, mae'r blasbwyntiau melys a hallt yn agos at flaen y tafod. Mae'r blasbwyntiau sur a chwerw yn y cefn ac ar yr ochrau.

Arbrofwch trwy roi'r hylifau ar wahanol rannau o dafod eich ffrind. Cofnodwch bob ateb i weld pa mor gywir ydyn nhw.

### MAE'N GWEITHIO!
Pa mor dda yw eich synnwyr blasu? Mae blaswyr gwin y gallu gwahaniaethu rhwng nifer fawr o wahanol flasau. Allwch chi adnabod y pedwar prif flas – chwerw, melys, sur a hallt – pan fo mwgwd dros eich llygaid?

### Bydd arnoch angen
mwgwd      llwy de
dŵr i olchi'r llwy rhwng profi samplau o hylifau melys, hallt, sur a chwerw, er enghraifft siwgr mewn dŵr, halen mewn dŵr, sudd lemon mewn dŵr a choffi du.

Mae ein bwyd a'n diod yn llawn amrywiaeth o flasau melys, hallt, sur a chwerw. Gallwn adnabod y rhain trwy arogli'r hyn rydym yn ei fwyta, a heb y synnwyr arogli byddai'n anodd iawn gwahaniaethu rhwng bwydydd. Arbrofwch trwy ofyn i rhywun wasgu ei drwyn. Yna rhowch ddarn o afal a darn o nionyn iddo i'w fwyta. Ydy e'n gallu dweud beth mae'n ei fwyta?

*Mae'r tafod yn gwneud mwy na dim ond blasu. Mae'n symud bwyd o gwmpas y geg er mwyn i'r dannedd allu ei gnoi ac mae'n gwthio bwyd i gefn y geg, yn barod i'w lyncu.*

## MAE'N GWEITHIO!

Gwnewch fodel anferth o'r tafod mewn polystyren gan ddangos lle yn union mae'r gwahanol fathau o flasbwyntiau.

**1** Defnyddiwch y ffeil grefft i dorri'r polystyren i'r siâp sy'n cael ei ddangos yma. Peintiwch y tafod yn binc.

**2** Torrwch y papur swigod i siâp y tafod a'i beintio yn binc. Gosodwch y papur yn ei le ar y model.

### Bydd arnoch angen

pinnau bawd mewn pedwar gwahanol liw
papur swigod
paent acrylig
polystyren
ffeil grefft
glud

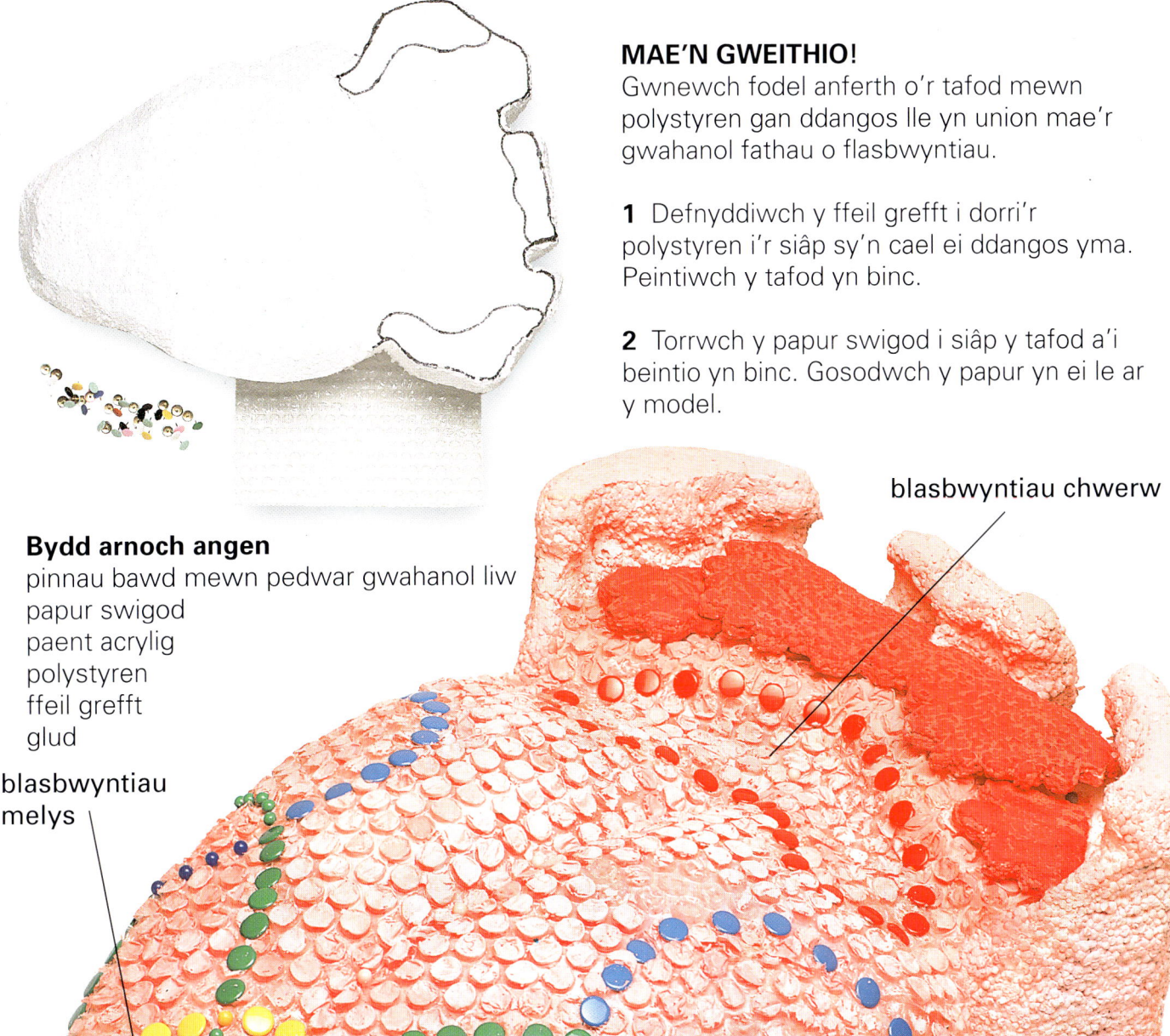

blasbwyntiau chwerw

blasbwyntiau melys

blasbwyntiau sur

blasbwyntiau hallt

*Cemegion sy'n arnofio yn yr aer rydym yn ei anadlu yw'r gronynnau arogl. Mae bodau dynol yn gallu adnabod arogl tua 3,000 o wahanol gemegion a llawer mwy o arogleuon eraill sy'n gyfuniadau o'r rhain.*

**3** Gwthiwch y gwahanol binnau bawd i'w lle yn y tafod fel yn y llun. Mae'r rhain yn dangos ym mhle ar y tafod mae'r blasbwyntiau melys, hallt, sur a chwerw.

Mae terfynau nerfau dros ein cyrff i gyd. Y rhain sy'n rhoi i ni ein synnwyr cyffwrdd. Maen nhw'n ymateb i wres, oerni, teimlad, gwasgedd a phoen. Mae ein synnwyr clywed yn gallu tynnu ein sylw at bethau nad ydym yn eu gweld, neu sydd yn rhy bell i'w cyrraedd. Mae hefyd yn ein helpu i gyfathrebu â phobl eraill.

**1** Rhowch fys cyntaf eich llaw chwith yn y dŵr poeth, a bys cyntaf eich llaw dde yn y dŵr oer.

**2** Arhoswch am tua munud ac yna, un ar y tro, trochwch y ddau fys yn y dŵr cynnes.

**3** Bydd y bys o'r dŵr poeth yn teimlo'n oer, oherwydd ei fod yn synhwyro gostyngiad yn y tymheredd. Bydd y bys o'r dŵr oer yn teimlo'n gynnes, oherwydd ei fod yn synhwyro codiad yn y tymheredd.

## MAE'N GWEITHIO!
Rhowch brawf ar y ffordd mae eich croen yn ymateb i wres, oerni a newidiadau yn y tymheredd trwy wneud yr arbrawf syml hwn. Does gan bob rhan o'ch corff ddim yr un faint o nerfau. Blaenau'r bysedd a'r gwefusau yw rhannau mwyaf sensitif y corff.

## Bydd arnoch angen
gwydraid o ddŵr cynnes ac o ddŵr oer gwydraid o ddŵr poeth o'r tâp

*Mae pobl ddall yn gallu darllen trwy ddefnyddio system o'r enw Braille. Ar dudalen o lyfr mewn Braille, mae patrymau o lympiau sy'n cynrychioli llythrennau a geiriau. Mae pobl ddall yn eu darllen trwy gyffwrdd y lympiau â blaenau eu bysedd. Cafodd y system hon ei dyfeisio ym 1824 gan Ffrancwr o'r enw Louis Braille a aeth yn ddall yn dair oed.*

## MAE'N GWEITHIO!

Rhowch gynnig ar y prawf mwgwd er mwyn ymchwilio i'r hyn y gallwch ei ddarganfod â'ch synnwyr cyffwrdd yn unig.

### Bydd arnoch angen

bocs cardbord mawr
amrywiaeth o wahanol bethau
lliain mawr

**1** Trowch y bocs ar ei ochr, a gwnewch dwll yn ei waelod sy'n ddigon mawr i chi gael eich dwylo trwyddo. Rhowch y lliain dros y bocs.

**2** Gosodwch wahanol bethau cyfarwydd yn y bocs. Ceisiwch ddewis pethau sydd â theimlad gwahanol. Er enghraifft, mae llwy yn galed a metelig, gwlân yn feddal a brws yn arw.

**3** Gofynnwch i ffrind roi cynnig ar y prawf. Pan fydd yn rhoi ei ddwylo trwy'r twll, ni fydd yn gallu gweld y pethau. Gofynnwch i'ch ffrind ddisgrifio yr hyn mae'n ei gyffwrdd.

## Clywed

Mae synau'n cael eu gwneud wrth i aer ddirgrynu. Mae eich clustiau yn casglu'r synau hyn a'u dal yn y glust allanol. O'r fan yma, mae'r synau'n teithio i lawr at bilen y glust, sef darn tenau iawn o groen sy'n gwahanu'r glust allanol oddi wrth y glust ganol. Mae pilen y glust yn dirgrynu, gan anfon y synau ymlaen at dri asgwrn bach yn y glust ganol. Mae un o'r rhain, sef yr asgwrn gwarthol, tua'r un faint â gronyn o reis! Yna mae'r dirgryniadau yn cael eu hanfon i'r hylif sydd yn y glust fewnol, yn ddwfn y tu mewn i'r benglog. Yma, maen nhw'n cael eu newid yn negeseuon trydanol sy'n cael eu hanfon i'r ymennydd.

Ydy e'n feddal? Yn arw? Yn oer a chaled fel metel? Pa siâp sydd iddo? Wedyn gofynnwch i'ch ffrind osod pethau eraill yn y bocs. Faint o'r rhain allwch chi eu hadnabod?

*Mae'r ymennydd yn gallu gwahanu synau yn rhai rydych chi am eu clywed a synau cefndirol. Yn aml, gallwch glywed ffrind yn siarad er bod lori fawr yn rhuo heibio.*

Mae cnewyllyn pob un o gelloedd eich corff yn cynnwys set o gyfarwyddiadau mewn cod. Y genynnau yw'r rhain, sydd wedi eu gwneud o gemegyn arbennig sy'n cael ei alw'n DNA. Mae genynnau'n effeithio ar y ffordd rydych chi'n edrych, eich cymeriad a'ch gallu. Rydych yn etifeddu genynnau oddi wrth eich rhieni.

## MAE'N GWEITHIO!

Er mwyn i ddwy set o enynnau gyfuno i gynhyrchu bywyd newydd, mae'n rhaid i sberm wedi ei wneud yng ngheilliau y tad ffrwythloni wy o ofarïau'r fam. Mae'r babi yn tyfu am 38 wythnos y tu mewn i'r groth, sydd fel sach gyhyrol sy'n gallu ymestyn.

**1** I wneud modelau o organau atgenhedlu gwryw a benyw, torrwch y siapiau hyn o gerdyn meddal a'u peintio fel yn y llun.

pledren

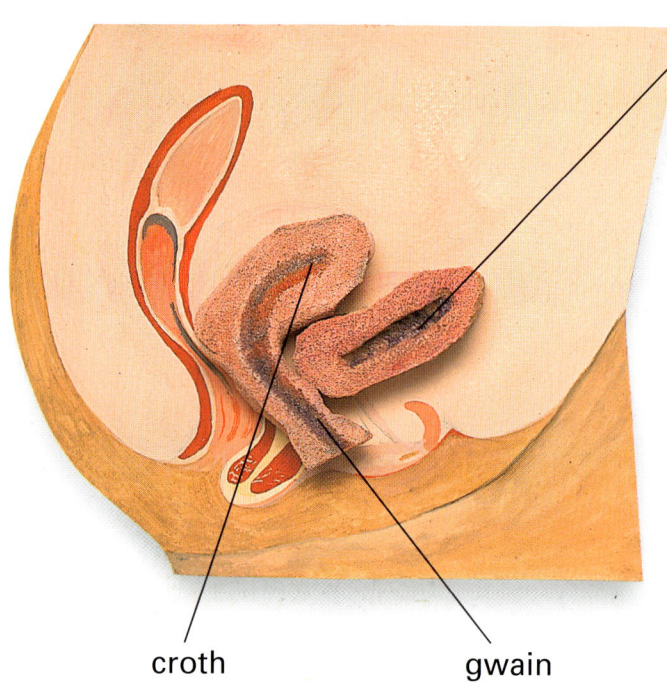
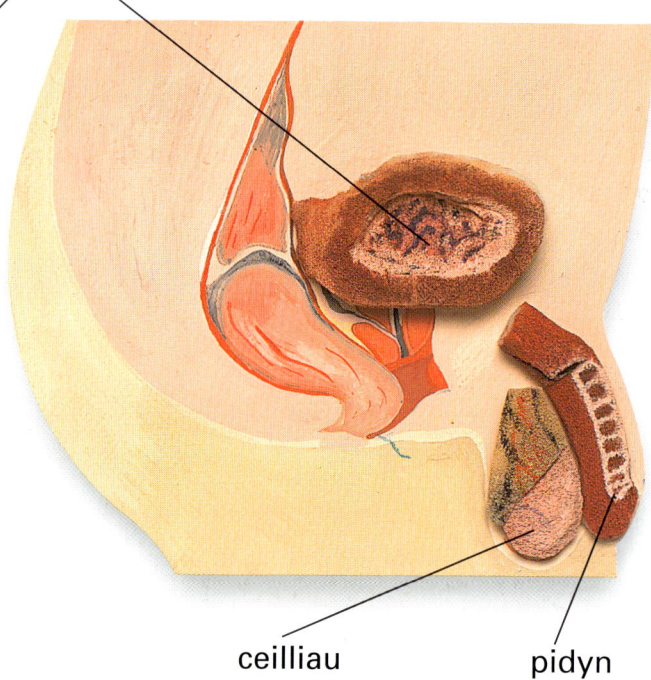

croth          gwain

ceilliau          pidyn

Mae bywyd newydd yn dechrau wrth i sberm o'r gwryw ffrwythloni wy o'r fenyw. Mae set o enynnau gan y fam a set gan y tad yn dod at ei gilydd mewn un gell. Mae'r gell hon wedyn yn cynnwys yr holl gyfarwyddiadau sydd eu hangen i wneud bod dynol newydd, er nad yw'n ddim mwy na phen pin. Wrth i'r babi ddatblygu, ac i gelloedd newydd dyfu, mae'r patrwm o enynnau'r rhieni yn cael ei ailadrodd drosodd a throsodd. Rydym yn galw hyn yn etifeddeg. Dydy hi ddim yn syndod fod teuluoedd yn aml yn edrych yn debyg!

**2** Torrwch siapiau'r organau atgenhedlu o sbwng. Peintiwch nhw fel y rhai yn y llun a'u gosod â felcro ar gyrff y gwryw a'r fenyw.

*Mae'n syndod y pethau rydym yn eu hetifeddu oddi wrth ein rhieni. Yn ogystal â nodweddion amlwg fel siâp wyneb, taldra a phwysau, mae pethau rhyfedd iawn yn cael eu trosglwyddo yn y genynnau. Mae bod â bodiau ystwyth sy'n gallu plygu'n ôl at yr arddwrn yn rhywbeth etifeddol. Felly hefyd y gallu i rolio'r tafod. Faint o'ch ffrindiau chi sydd â'r genynnau hyn?*

## MAE'N GWEITHIO!

Faint o nodweddion ydych chi'n eu rhannu â gweddill eich teulu? Dydych chi ddim yn union yr un fath â nhw. Gyda phob cenhedlaeth, mae setiau newydd o enynnau yn cael eu cyflwyno i'r teulu. Chwaraewch y gêm hon i gael gweld yr holl amrywiadau sy'n bosibl.

Rydych chi'n gyfuniad o enynnau eich mam a'ch tad. Os yw eu genynnau nhw'n wahanol, er enghraifft eu genynnau ar gyfer lliw llygad, bydd un lliw yn gallu bod yn gryfach na'r llall. Os ydych chi'n etifeddu genynnau ar gyfer llygaid brown a llygaid glas, yna bydd gennych lygaid brown, gan fod y genyn ar gyfer llygaid brown yn gryfach.

**1** Defnyddiwch glai modelu (y gallwch ei beintio wedyn) i wneud dau siâp, er enghraifft pêl a chiwb. Bydd y rhain yn cynrychioli cenhedlaeth gyntaf eich teulu.

**2** Beth sy'n digwydd wrth i'r siapiau hyn gyfuno i wneud siapiau newydd yn y genhedlaeth nesaf?

*Dim ond yn y 1950au y dechreuodd gwyddonwyr ddarganfod sut oedd codau genynnol yn gweithio. Ym mhob rhan o'r byd, mae gwyddonwyr yn ceisio deall sut mae genynnau yn ffurfio'r corff dynol.*

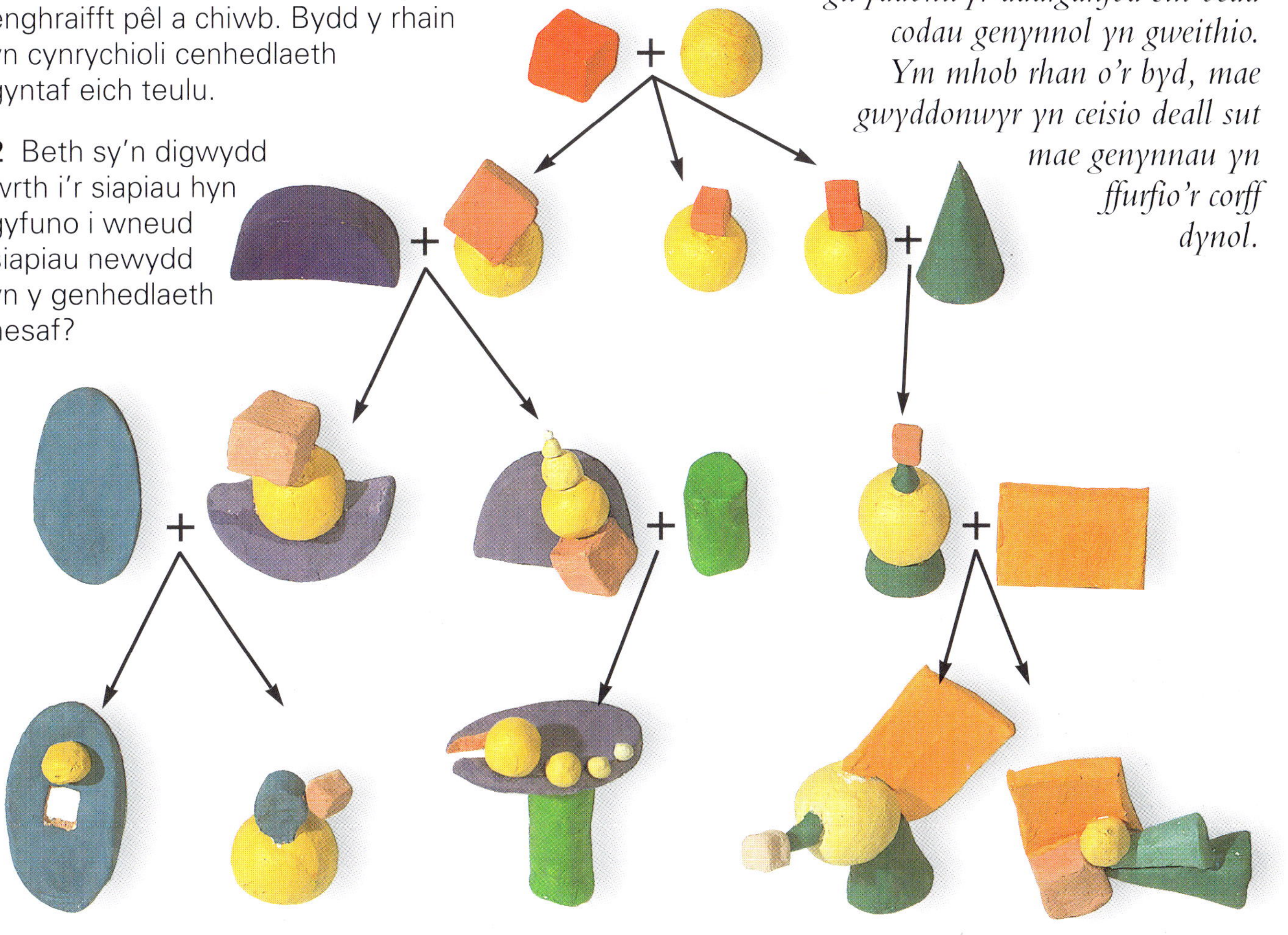

**3** Cyflwynwch siâp newydd i'r ail genhedlaeth. Sut bydd hyn yn effeithio ar y drydedd genhedlaeth? Efallai y bydd un genhedlaeth yn cynhyrchu gefeilliaid unfath. Mae'r wy gafodd ei ffrwythloni wedi ymrannu i gynhyrchu dau fabi sy'n rhannu yr un genynnau yn union.

*Mae genynnau yn gallu cynnwys cyfarwyddiadau sy'n gwneud drwg i'r corff. Mae nifer o afiechydon difrifol yn rhai etifeddol. Mae haemoffilia, afiechyd sy'n rhwystro'r gwaed rhag ceulo, yn cael ei drosglwyddo gan fam i'w mab, er mai anaml iawn y mae'r fam ei hun yn dioddef ohono.*

Mae'r corff yn beiriant rhyfeddol sy'n gweithio'n ardderchog. Gwelsom ei fod yn cynnwys gwahanol systemau, pob un â thasg arbennig. Y systemau hyn sy'n cynnal y corff o ddydd i ddydd. Mae bwyd ac ocsigen yn cael eu derbyn i'r corff, eu cario yn y gwaed a'u defnyddio i roi egni. Mae'r corff yn cael gwared â'i wastraff yn hwylus. Caiff negeseuon eu cario yn ôl ac ymlaen rhwng yr ymennydd a'r byd y tu allan. Ond rhaid i'r corff allu trin problemau hefyd. Gwaith y system **imiwn** yw ymladd heintiau a gwella'r corff pan fo pethau'n mynd o chwith.

▶ Gan eich bod yn awr wedi gwneud modelau o holl brif systemau'r corff, gallwch eu harddangos a gweld sut maen nhw i gyd yn gweithio gyda'i gilydd.

### Croen
Mae'r croen yn helpu rheoli tymheredd y corff. Mae'n amddiffyn organau'r corff, a hefyd yn organ synhwyro.

### Sgerbwd
Mae'r 206 o esgyrn sydd yn y corff yn rhoi fframwaith iddo ac yn amddiffyn y prif organau. Mae celloedd coch y gwaed yn cael eu cynhyrchu yn y mêr.

### Cyhyrau
Y cyhyrau sy'n gyfrifol am symud y corff. Mae cyhyrau anrheoledig yn gweithio systemau eraill (er enghraifft, y system dreulio).

### System nerfol
Mae'r system hon yn cynnwys yr ymennydd, madruddyn y cefn, y nerfau a'r organau synhwyro. Y nerfau sy'n cario negeseuon yn ôl ac ymlaen i'r ymennydd. Y system nerfol sy'n rheoli holl weithgareddau'r corff.

### Gwaed
Mae'r system waed yn cynnwys y galon, y gwaed a'r pibellau gwaed. Y gwaed sy'n cario ocsigen a maethynnau i'r celloedd, a chario gwastraff ymaith. Mae celloedd gwyn y gwaed yn eich amddiffyn rhag afiechydon.

### Anadlu
Yr ysgyfaint sy'n gyfrifol am gymryd ocsigen o'r aer rydych yn ei anadlu, a'i drosglwyddo i'r gwaed.

### Treuliad
Tiwb mawr hir y mae'r bwyd yn cael ei anfon trwyddo yw'r system hon. Mae'n dechrau yn y geg ac yn dod i ben yn y rectwm. Mae organau fel yr iau/afu, coden y bustl a'r pancreas yn helpu i ddadelfennu bwyd a thynnu maethynnau ohono.

### Puro
Mae'r arennau yn puro'r gwaed ac yn cael gwared â gwastraff.

## Pethau sy'n mynd o chwith

Wrth feddwl fod cymaint o bethau gan y corff i'w gwneud, mae'n syndod ei fod yn gweithio mor dda. Pan fydd rhywbeth o'i le, bydd eich corff yn gwneud ei orau i wella'r broblem.

Organebau bychain yw bacteria. Maen nhw'n byw o'n cwmpas ym mhobman, ac fel arfer yn gwneud dim drwg. Ond mae rhai mathau yn atgenhedlu'n gyflym iawn y tu mewn i'r corff ac yn cynhyrchu gwenwyn sy'n gwneud i chi deimlo'n sâl. Mae clwyfau wedi eu heintio, gwenwyn bwyd a thonsilitis yn enghreifftiau o afiechydon sy'n cael eu hachosi gan facteria.

Torri esgyrn: wrth ddisgyn neu gael damwain, gallwch weithiau dorri esgyrn yn eich corff. Mae'n bosibl 'gosod' asgwrn trwy ei ddal yn ei safle cywir â chast plastr. Mae'r esgyrn ar naill ochr y toriad wedyn yn dod at ei gilydd. Weithiau, bydd cwymp neu ddamwain yn tynnu cymal o'i le - ei **afleoli**. Bydd meddyg yn gallu symud esgyrn y cymal yn ôl i'w safle cywir.

*Er bod sawl peth yn gallu mynd o'i le mewn peiriant cymhleth fel y corff dynol, mae meddygaeth fodern yn gallu gwella llawer o'r problemau. Dros y canrifoedd, mae meddygaeth wedi datblygu'n rhyfeddol. Mae'r 20fed ganrif yn enwedig wedi gweld datblygiadau pwysig ac mae pobl yn awr yn byw yn hŷn nag erioed. Mae meddygon yn dal i chwilio am ffyrdd o wella afiechydon fel AIDS a chanser, ac mae darganfyddiadau newydd pwysig ynglŷn â'r corff yn dal i gael eu gwneud.*

**Organebau** bychain sy'n ymosod ar gelloedd y corff yw firysau. Unwaith maen nhw y tu mewn i'r gell, maen nhw'n ei thrawsnewid yn 'ffatri' ar gyfer cynhyrchu mwy a mwy o firysau. Yn y pen draw mae'r gell yn byrstio a marw gan ryddhau'r firysau newydd i'r corff.

Mae firysau'n gallu achosi nifer fawr o afiechydon – o annwyd i ffliw, brech yr ieir a'r frech goch. Mae'r corff yn ymladd firysau trwy gynhyrchu gwrthgyrff yng nghelloedd gwyn y gwaed – yn aml iawn mae'r broses hon hefyd yn gwneud i chi deimlo'n sâl.

*Wrth i'r corff dynol heneiddio, mae ei systemau yn dechrau arafu. Mae celloedd yn adnewyddu eu hunain yn arafach, y croen yn crebachu a'r cyhyrau'n llacio. Mae'r synhwyrau yn llai effro a'r corff yn ei chael hi'n fwy anodd ymladd afiechydon. Ond mae'r arwyddion hyn o heneiddio yn mynd law yn llaw ag oes gyfan o wybodaeth a phrofiad, sy'n gallu ein helpu i fwynhau ein henaint.*

**Afleoli** Mae cymal yn cael ei afleoli pan fo asgwrn wedi cael ei daro o'i le fel nad yw'r cymal yn gallu gweithio.

**Alfeoli** Codennau bach yn yr ysgyfaint lle mae ocsigen yn cael ei gasglu a'i amsugno i'r gwaed.

**Anrheoledig** Mae rhai rhannau o'r corff yn gweithio heb i ni orfod meddwl am hynny. Cyhyrau anrheoledig sy'n gweithio systemau fel anadlu a chylchrediad y gwaed.

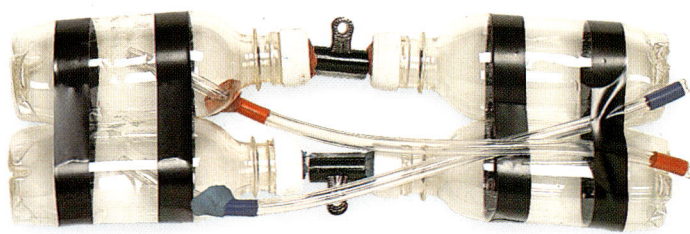

**Anweddu** Pan fo hylif yn newid yn nwy mae'n anweddu.

**Atgyrch** Ymateb awtomatig gan y corff, er enghraifft cau llygad neu godi pen-glin. Ni allwch reoli ymateb atgyrch.

**Capilarïau** Pibellau gwaed bach sy'n cysylltu pibellau mwy ac yn cario gwaed yn ôl ac ymlaen i'r celloedd.

**Cell** Y celloedd yw blociau adeiladu y corff. Mae gan bob cell ganol, neu gnewyllyn, sy'n cynnwys y cyfarwyddiadau sydd eu hangen arni i wneud ei gwaith.

**Cemegion** Sylweddau y mae popeth wedi eu gwneud ohonyn nhw. Mae nifer fawr o gemegion gwahanol yn y corff.

**Ceratin** Sylwedd caled sy'n cael ei gynhyrchu yng nghelloedd gwallt, croen ac ewinedd.

**Cromosom** Mae cnewyllyn pob cell yn cynnwys cromosomau sy'n cario genynnau. Y genynnau sy'n rheoli'r holl nodweddion rydym ni'n eu hetifeddu gan ein rhieni.

**Cyhyr** Mae cyhyrau wedi eu gwneud o feinwe elastig cryf. Y rhain sy'n symud rhannau'r corff.

**Cymal** Lle mae dau asgwrn yn cwrdd. Mae sawl math o gymal sy'n galluogi'r corff i symud mewn gwahanol ffyrdd.

**Chwarren** Cell neu organ sydd naill ai'n cynhyrchu cemegion i'r corff eu defnyddio neu sy'n helpu i gael gwared â gwastraff o'r corff. Er enghraifft, mae chwarennau chwys yn cael gwared â dŵr, trwy ei gario i wyneb y croen.

**Falf** Mae'r gwythiennau a'r galon yn cynnwys falfiau sy'n rhwystro'r gwaed rhag llifo tuag yn ôl. Maen nhw'n agor mewn un cyfeiriad yn unig. Pan fo gwaed wedi mynd trwyddyn nhw, maen nhw'n cau fel drysau siglo.

**Ffoligl** Poced fach yn y croen. Mae pob blewyn yn y corff yn tyfu o'i ffoligl ei hun.

**Gewyn** Meinwe o elastig cryf sy'n dal esgyrn wrth ei gilydd mewn cymal.

**Gwrthgyrff** Sylweddau yn y gwaed sy'n dinistrio bacteria a firysau niweidiol a fyddai'n achosi afiechydon.

**Imiwn** Mae system imiwn y corff yn ei helpu i ymladd afiechydon a heintiau. Pan fydd y corff wedi llwyddo i ymladd afiechyd fel clwy'r pennau, mae wedyn yn imiwn iddo. Byddai'r corff yn gallu gwrthsefyll yr afiechyd petai'n taro eto.

**Maethynnau** Cemegion y mae'r corff yn eu tynnu o fwyd er mwyn cael egni i dyfu a gweithio.

**Mandwll** Agoriad bach ar wyneb y croen sy'n rhyddhau chwys ac ati.

**Melanin** Sylwedd lliw yn y croen sy'n ei dywyllu a'i amddiffyn rhag pelydrau niweidiol yr haul.

**Mêr** Sylwedd meddal tebyg i jeli sydd i'w gael y tu mewn i'r rhan fwyaf o esgyrn. Dyma lle mae celloedd coch a gwyn y gwaed yn cael eu cynhyrchu.

**Metacarpal** Asgwrn sy'n cysylltu bys neu fawd â'r arddwrn.

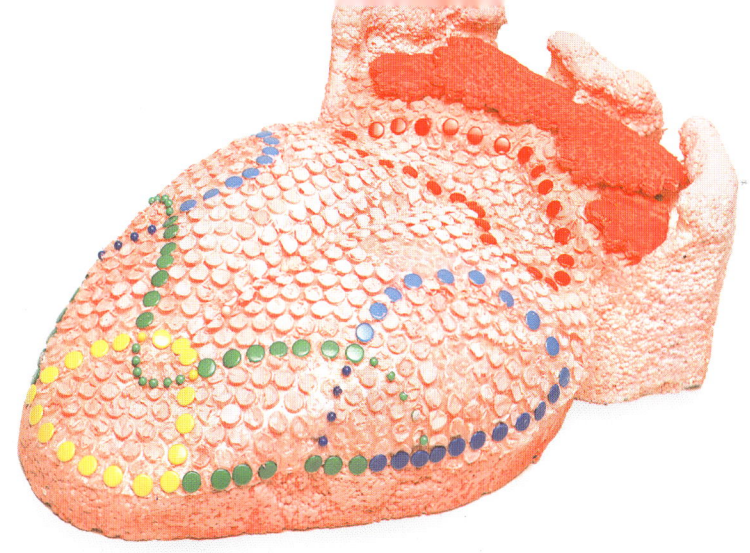

**Meinwe** Casgliad o gelloedd, fel arfer o'r un math, sy'n gweithio gyda'i gilydd i ffurfio rhan o'r corff. Er enghraifft, mae'r croen yn fath o feinwe sy'n cynnwys nifer o gelloedd.

**Organ** Casgliad o feinwe sy'n ffurfio siâp ac yn gweithio gyda'i gilydd i wneud gwaith arbennig yn y corff, er enghraifft y galon neu'r iau/afu.

**Organebau** Mae organeb yn rhywbeth byw.

**Pibellau gwaed** Y gwythiennau a'r rhydwelïau sy'n cario gwaed o amgylch y corff.

**Plasma** Rhan hylifol y gwaed lle mae celloedd coch a gwyn y gwaed yn arnofio.

**Platen** Gronyn bach iawn yn y gwaed. Pan fo anaf yn torri'r croen, mae platennau yn amgylchynu'r clwyf gan ffurfio rhwyd fân i geulo'r gwaed.

**Poer** Hylif sy'n cael ei gynhyrchu gan y chwarennau yn y geg. Mae'n gwlychu bwyd a'i wneud yn haws i'w lyncu, ac yn dechrau'r broses dreulio trwy helpu i ddadelfennu bwyd.

**Rhywogaeth** Grŵp o blanhigion neu anifeiliaid lle mae pob aelod yn rhannu yr un nodweddion ac yn gallu bridio'n llwyddiannus â'i gilydd.

**Sgerbwd** Y fframwaith o esgyrn sy'n cynnal y corff ac yn amddiffyn organau fel y galon a'r ymennydd.

**Sgerbydol** Yn perthyn i'r sgerbwd. Cyhyrau sgerbydol sy'n symud yr esgyrn ac yn gyfrifol am y symudiadau corfforol rydyn ni'n gorfod meddwl amdanyn nhw, er enghraifft cerdded.

**Synnwyr** Y prif synhwyrau yw golwg, arogli, clywed, blasu a chyffwrdd. Mae'r rhain yn ein helpu i gasglu gwybodaeth am y byd o'n cwmpas. Mae'r ymennydd yn derbyn negeseuon gan yr organau synhwyro: llygaid, trwyn, clustiau, tafod a chroen.

**Tendon** Meinwe arbennig sy'n cysylltu'r cyhyrau â'r esgyrn.

**Treuliad** Y gwaith o ddadelfennu bwyd i'w newid yn gemegion y mae'r corff yn gallu eu hamsugno a'u hanfon i'r celloedd i gynhyrchu egni.

**Wrin** Hylif yn cynnwys dŵr a chemegion sy'n wastraff o'r gwaed. Mae'n cael ei wneud yn yr arennau, ei anfon i lawr i'r bledren ac yna mae'n gadael y corff trwy diwb sy'n cael ei alw'n wrethra.